# 卖场营销策划

刘威　主编

中国经济出版社
CHINA ECONOMIC PUBLISHING HOUSE
北京

**图书在版编目（CIP）数据**

卖场营销策划/刘威主编

北京：中国经济出版社，2013.8（2022.11 重印）

（连锁经营管理专业系列教材）

ISBN 978 - 7 - 5136 - 2014 - 7

Ⅰ.①卖… Ⅱ.①刘… Ⅲ.①商店—营销策划—大专—教材 Ⅳ.①F717

**中国版本图书馆 CIP 数据核字（2012）第 257446 号**

责任编辑　路　巍

责任审读　贺　静

责任印制　马小宾

封面设计　巢新强

**出版发行**　中国经济出版社

**印 刷 者**　河北宝昌佳彩印刷有限公司

**经 销 者**　各地新华书店

**开　　本**　710mm × 1000mm　1/16

**印　　张**　14.5

**字　　数**　200 千字

**版　　次**　2013 年 8 月第 1 版

**印　　次**　2022 年 11 月第 6 次

**书　　号**　ISBN 978 - 7 - 5136 - 2014 - 7/G · 1875

**定　　价**　29.00 元

**广告经营许可证**　京西工商广字第 8179 号

**中国经济出版社** **网址** www.economyph.com **社址** 北京市东城区安定门外大街 58 号 **邮编** 100011

本版图书如存在印装质量问题，请与本社销售中心联系调换（联系电话：010 - 57512564）

---

# 连锁经营管理自考专业
# 系列教材编委会

# 前　言

本书为高等教育自学考试连锁经营管理专业核心课程“卖场营销策划”的指定教材。对于连锁企业来说，企业经营绩效直接取决于各家卖场营销的业绩。作为卖场经营的核心，营销策划受到了企业经营管理者的极大重视。如何提升企业营销策划水平、如何设计优秀策划方案、如何有效提高卖场经营业绩已成为连锁企业面临的首要工作。本书对营销策划的讲授主要针对商贸连锁企业及卖场展开，对其他行业门店的运营与营销也有一定的借鉴意义。

contents

# 目 录

# 第一章

# 营销策划概述

## 学习目的与要求

掌握营销策划的概念、内容、步骤，了解我国卖场营销策划的发展现状。

## 关键词

营销策划；市场；需求

## 课时

建议12课时。

## 导入案例

### 百货业如何破盈利困局

对于零售业来说,独特的企业形象非常重要,而独特形象的重要组成部分就是商品的独特性。目前,百货业除自身品牌塑造欠佳外,品牌同质化、营销模式趋同也使其有限的利润空间更加狭小。

中国购物中心产业资讯中心主任郭增利认为,同业竞争的分流是导致百货盈利滑坡的主要原因。"百货业的商品来源基本相同,很难就商品特色在消费者心目中树立形象。价值市场细分不够明确,品牌组合上的千篇一律也很难激发消费者的购买欲望。"

在竞争激烈的市场中,企业的资源非常有限,不可能在每一个市场上完全拥有优势,因此企业需要用自己合适的资源瞄准目标客户群。郭增利表示,商场可以通过市场的细分化从消费者身上挖掘更多的附加价值,通过拉动消费者的购买能力增加销售业绩和利润。

事实上,一些在国内百货领域位居前列的卖场已经意识到了这一点。据了解,王府井百货就针对北京市场推出了首个子品牌"hQ 尚客"百货。"hQ 尚客"品牌区别于传统王府井百货精品和大众百货定位,针对 18~35 岁的年轻客层,引入知名潮流品牌和年轻人钟爱的中高端日系品牌,已经培育了一批忠实顾客。

资料来源:2013 年 1 月 23 日《北京商报》。

## 第一节　营销策划的内涵

### 一、营销策划

市场营销是企业在变化的市场环境中，旨在满足消费者需要、实现企业目标的商务活动过程，包括一系列与市场有关的企业经营活动。现代市场营销的特征是适应现代市场经济要求，遵循现代营销理念，实施现代营销管理，运用现代营销技术，满足现代消费者需求。

营销策划是企业为了充分利用市场机会、实现持续发展，根据企业营销目标与现有营销状况，以市场需求为导向，以满足消费者需求和欲望为核心，借助科学方法与创新思维，对企业未来的营销活动进行长远谋划和组织的过程。

营销策划要求企业以满足消费者需求为核心，充分利用企业内部和外部资源，根据市场环境变化做出相应的规划，用更全面、更立体、更长远的营销策划模式解决企业营销存在的根本问题，从而提高销售，获取利润，实现持续经营。营销策划是指导企业市场营销活动，合理分配企业营销资源的纲领。

比如，卖场为巩固成熟产品的市场，可采用买 10 送 1 赠券、连环大抽奖等活动；为推出新产品，采用免费品尝、试用、买一送一、邮寄产品名录及报价单等活动；制造公关事件，利用某一新闻事件，渲染张扬产品或企业，如献爱心回馈社会活动、体育赞助等；开展主题广告宣传，从色彩、标题到方案、活动等均突出营销氛围、吸引顾客，等等。

#### （一）营销策划的特点

1. 前瞻性

营销策划着眼于卖场较长时期内的营销活动谋划，通过科学预见、高瞻远瞩，谋划企业未来的发展方向，比起那些在短期内起作用的营销措施和活动来说具有更深远的意义。

2. 全局性

营销策划是决定卖场经营全局的问题，不仅包括企业整体经营活动的运行、内部各组成部分的协调以及整体结构，而且还包括对企业发展全局有决定性影响的重点部分和关键环节，是全局性和综合性的谋划。

3. 创新性

营销策划要求卖场能够想前人所未想、想别人所未想，就是勇于和善于独立思考，将营销创新作为基本战略，大幅度提高营销创新能力，形成日益强大的竞争优势。

4. 系统性

营销策划是建立在了解消费者需求基础上的系统性工作，涉及卖场运营的各个方面，是由具有一定功能并互相作用的若干单元组成的有机整体。因此要求把整个企业视为一个系统，着眼于系统整体目标的优化，协调系统中各分系统的相互关系，使系统完整、平衡。

### （二）营销策划的意义

1. 提高企业的竞争力

商场就是战场，营销策划的形式与结果往往会对企业竞争的胜负起决定性的作用。在市场竞争中，营销策划同样是企业角逐市场、竞争制胜的武器。企业要想在强大的竞争对手中脱颖而出，以谋略赢得市场、提高市场占有率，就必须借助于营销策划。

2. 优化企业的营销资源配置

企业所拥有的资源有一定的限度，这就要求企业提高营销资源的使用效率，获得尽可能多的营销收益，提高营销资源的投入产出比。营销策划的显著作用就是通过对本企业营销资源的分析，按照策划目标，对企业资源进行合理使用，精打细算，周密安排，以尽可能少的资源投入带来尽可能多的营销产出，从而提高企业的经营效益和资源的利用效率。

3. 减少企业的经营风险

营销活动是企业生存和发展的重要环节，在市场经济条件下，营销竞争的特点是成功与危机并存、胜利与风险同在。主要风险包括市场环境变化风险、突发事件风险、市场危机等。企业通过营销策划，一方面可以预测或发现经营中潜在的风险，采取超前性的措施，预防危机的发生或尽可能减少危机带来的损失；另一方面在面临危机时不会惊慌失措、束手无策，而是通过营销策划及时采取应变措施和对策，化险为夷。

4. 树立企业的良好形象

塑造独具特色、富有魅力的企业形象对于卖场尤其重要，它将成为卖场参与市场竞争的有力武器。营销策划是塑造企业整体形象的基础工程，有助于企业在消费者心目中树立良好、特有的形象。通过精心策划，在塑造企业整体形象的同时，也将使企业的知名度、信誉度不断提高，企业的无形资产不断积累，其社会公众价值不断增值。

案例

## 盛鑫达家居商场营销方案

商场要做到小而全，能满足不同层次的消费群几乎是不现实的，因而只能满足一些特定的消费群，如提供家居用品。如何吸引商家入场，增加客流量，继而提高商场经营利润，是盛鑫达家居商场如何发展的关键与核心。本方案围绕核心消费群及商场的定位、发展而制定。

**一、现状**

(1) 不利因素：交通不便；不在繁华商圈；客流量较低。

(2) 有利因素：地标明显（邻近重点中学、建设有中长途车站）；自有场地；公司品牌实力。

**二、营销方案**

目标：打造省内家居第一品牌，从而促进商场的发展。

措施：

1. 产品定位

以大品牌为核心吸引小品牌环绕。依托一线品牌提升商场价值，靠小品牌获取商场利润。种类包括家具品牌、厨卫品牌、家电品牌、电器元器件品牌、家居饰品品牌（含床上用品）、奢侈品品牌。

2. 价格定位

一线品牌3～5年免费入驻，二、三线品牌摊销成本及利润。原则上要求一线品牌由商场托管，让利促销。

3. 商场布局

商场一楼为家具，家电、电器元器件，厨卫品牌；二楼为家居饰品、奢侈品品牌。皆按A、B、C、D、E分区布局（含现有入驻商户的重新安置）。

4. 服务链延伸

主要是房地产的服务延伸。凡购买了"盛鑫达开"小区产业的业主，享有购买家居商场商品的特惠权，包括折上折、物流配送、售后服务等。

5. 促销手段

（1）商场外包装：各品牌免费使用指定广告区域。

（2）地标性广告牌：山顶或房顶要求有夜间灯光效果，或用LED广告牌滚动播放品牌广告，一线品牌免费。

（3）广告宣传：电视字幕广告、旅游（交通）地图、市晚报、新闻报道"省内首家奢侈品商场"等。

6. 使用场地

（1）家具品牌10个。其中，成都的品牌2个，广东的品牌3个，其他区域的品牌5个，按免费使用80平方米/个计算，需800平方米（采取紧凑型布局展示）。

（2）厨卫品牌10个。按免费使用20平方米/个计算，需200平方米。

（3）家电品牌15个。按免费使用20平方米/个计算，需300平方米。

（4）家居饰品品牌15个（含床上用品）。按免费使用20平方米/个计算，需300平方米。

（5）奢侈品品牌（商场自主经营）免费自用200平方米。

以上合计免费使用面积1800平方米。

7. 商场收入测算

商场总面积2万平方米，以租金25元/月·平方米计算，月租金为50万元，年租金为600万元；无偿使用部分为1800×25×12=54万元，占租金收入的9%，有偿使用的面积平均租金摊销应在22.75元/平方米。商场管理费支出按20%计算，每年支出120万元，固定资产折旧后余下部分即为利润。

三、评估

商场要长期发展，一线品牌的入驻及自身的经营管理是关键，就目前来分析，租金在20元/月·平方米是可能的。引进的一线品牌全部到位预计需要3~6个月的时间，也就是说当年的7月份是分水岭，商场的成功就取决于7月前的相关工作质量。

本方案的核心在于"借船出海，借势造势"，通过有效的资源整合来达到目的，从而有效保障商场的长期发展。

附：1. 财务报表（略）

2. 商场管理细则（略）

## 二、营销策划的内容

营销策划方案的制定是一个综合过程，是对企业市场营销组合进行设计和规划的过程。市场营销组合（Marketing Mix）是指企业为了进占选定的目标市场、满足消费者需求，加以整合、协调使用的系统化的市场营销策略和手段，以达到企业的经营目标，并取得最佳的经济效益。

### （一）市场营销组合的特点

（1）可控性。构成市场营销组合的各种手段是企业可以调节、控制和运用的因素。

（2）动态性。市场营销组合是变化无穷的动态组合。

(3)复合性。4P(Product—产品、Price—价格、Place—地点、Promotion—促销)因素又各自包含多个因素。

(4)整体性。各组合因素及各种手段应成为一个有机的整体。

### (二)市场营销组合的内容

1. 产品

市场营销组合中的产品是指卖场所经营产品的效用、质量、外观、式样、品牌、包装、规格、服务和保证等。

卖场要在确定目标市场的基础上,最大限度地满足消费者的商品需求。若要满足消费者的商品需求,企业要预先明确消费者的需求。了解消费者需要什么、需要多少、什么时间需要、怎样实现需要、愿意在什么地点购买、以什么价格购买,等等。只有这样,卖场才能实现按质、适量、适时、适地、适价地满足消费者的商品需求。

卖场是服务于消费者的,只有了解消费者的心理,体恤他们的需求,才能为他们提供满意的服务。提供让消费者满意的服务,就意味着会给商场带来更多的销售额和更高的利润。

2. 价格

市场营销组合中的价格是指卖场为消费者提供的产品与服务的价格、折扣、折让、支付方式、支付期限和信用条件等。

价格是市场营销组合中最重要的因素之一,尤其是零售价格,它直接关系到商品能否为消费者接受、市场占有率的高低、需求量的变化和利润的多少。科学而艺术地制定和运用定价策略,是卖场市场营销活动的重要内容。

价格是对消费者购买行为最具有影响力的因素之一,既可以促使消费看实现购买,也可以延缓甚至消除消费者的购买行为。同时,价格又是零售市场营销组合因素中唯一能够给企业带来利益的因素,因此价格的适当性应该成为卖场市场营销活动中的重要考虑目标。卖场要制定出适当的零售价格,既要考虑企业自身经营目标的实现,也要考虑消费者的切身利益。

价格又是同行业内最常用、最易效仿的竞争手段，它直接影响着卖场所营销商品的市场需求量和市场占有率。卖场在制定零售价格或调整零售价格时，应考虑、估计竞争者的反应并做出适当的对策预案。同时，也应及时了解、掌握竞争者同类商品的零售价格和价格调整，以及整体定价策略，并根据不同情况制定不同的方案。

3. 渠道

市场营销组合中的渠道是指商品流通的途径、环节、场所、仓储和运输等。

零售业是一种地域性产业，卖场的地理位置不仅影响企业收益的高低，也直接影响卖场的市场地位和企业形象。因而，地点这一因素对卖场来说尤为重要。卖场地理位置的抉择主要包括经营地区、区域和地点等方面的内容。

经营地区抉择是全国性或跨地区经营的企业择定其地理位置的关键一步。连锁企业在某一地区新建一家卖场，必须对该地区的市场需求量、购买力指数、商品零售饱和指数、市场发展潜力等因素进行分析。所选定的地区必须有一定量的人口，有充足的购买力，能创造充分的需求，同时还必须符合企业的目标市场的要求。

经营区域抉择是连锁企业对其所在的地区按照一定的细分标准进行分区或划片，依据上述地区抉择因素对每一分区或片进行评估，并选定某一个或几个分区或片新建卖场。一个有吸引力的地区市场只反映该地区的总体状态，并不反映该地区的特殊变化。同一地区的不同区域零售潜力有相当大的变化，所以卖场营销还必须进行区域抉择。

经营地点抉择要求连锁企业鉴别在择定的某个区域里新建卖场的具体有效地点，评估在这一地点新建卖场的可行性，并进行最后的择定。经营地点择定的实质是寻找到一个完美的位置，即拥有卖场要求的全部特征。在进行经营地点抉择时应该考虑位置的类型、消费者的易接近性、与邻近卖场的和谐性、位置的物质特征和占用期限等。

4. 促销

市场营销组合中的促销是指卖场为了刺激消费者需求而采取的能够迅

速产生鼓励作用的促销措施。

卖场有目的、有计划地综合运用各种促销方式,包括广告、人员推销、营业推广、公共关系与宣传报道等方式,形成整体促销策略以吸引消费者,其中人员销售和营业推广这两种促销方式尤为重要。

人员销售是卖场的销售人员对消费者实行面对面的交易与服务,与消费者的购买过程有着密切的联系,以销售人员对消费者的服务为主要形式。因此,卖场营销活动必须加强对销售人员的管理,充分有效地运用人员销售这一促销方式实现企业的经营目标。

近年来,促销越来越受到卖场的重视,方式也在不断翻新。实质是直接或间接地为消费者提供超额价值,以刺激消费者需求、鼓励消费者购买、推动和扩大销售活动,能够在一定范围内、一定的期限内取得较好的营销效果。比如卖场利用"假日经济"这一现象,配合适当的促销方式,会获得理想的销售效果。但也应看到促销毕竟是成本支出型活动,卖场在组织促销活动时需要周密的计划,力求以较小的投入获得较大的产出。

### (三)营销策划内容的设计

一般来讲,营销策划的内容设计要遵循"5W2H"法则。

1. 为什么要做策划(Why)

即策划营销活动的动机、目的与出发点。显而易见,企业组织营销活动的目的是扩大销量,最终获得最大化的利益。但这里要注意一个问题,要避免单纯通过营销活动盲目出货,避免出现市场"假脱销""真积压"现象。活动的设计一定要从促进商品畅销、长销的层面来考虑。

比如,某商场春节旺季推出了"100 赠 5"的促销政策,很多销售人员为提高销售业绩,开始引导消费者大量购物。虽然取得了一时的"销售繁荣",但却没有顾及消费者的实际喜好与购买能力,结果事后很多消费者反悔前来退货,商场又要耗费大量精力与费用进行处理,可谓得不偿失。

2. 什么时候开展活动(When)

即活动时机的选择问题。要根据市场竞争对手的动向以及对市场的预测,及时开展营销活动。这个时机的把握很重要,早了有可能难以吸引消费者，泄露市场机密，让对手瞄准自己的软肋；晚了则让竞争对手大出风头，圈走消费者，自己望洋兴叹。因此，卖场要根据以往操作经验及现时市场动态，选择一个较好的切入时机。

3. 在哪里做活动（Where）

营销活动的地点选择非常重要。一般情况下可以开展活动的场所主要有：

（1）卖场自身。由于卖场渠道具有产品品类丰富、集中采购的特点，且有一些促销活动，消费者会频繁光顾该类场所。因此，抓住卖场这个渠道，就抓住了集中展示产品和品牌形象与现场售卖的机会。

（2）消费者聚集地。包括人流量大的公共场所、消费档次高的餐饮酒店等。这些地点往往有较多的潜在消费者，因此是促销的主战场和必争之地。

（3）社区便利店。社区便利店因其购物方便、价格实惠、贴近居民及生活区等特点，深受社区消费者的欢迎。因此，作为卖场可以利用这些场所进行宣传，或者在社区门口摆摊设点，进行现场促销售卖。

4. 营销活动的具体内容（What）

在产品同质化、促销同质化的今天，要想活动出彩，吸引顾客眼球，开展什么内容的营销活动就显得非常关键。对于卖场而言，吸引消费者的常规的营销活动包括以下类型：

（1）买赠活动。即买产品送礼品或同类其他规格产品等。

（2）抽奖活动。即购买一定数量的产品，可以享受抽奖，奖品可为现金，也可为实物等。

（3）活动促销。即通过举行文艺演出、广场活动等，穿插产品宣传、现场售卖，融娱乐性、游戏性、互动性为一体。

（4）联合促销。即通过与不同类产品但具有同类渠道的厂家联合，互为促销品，以此实现渠道和资源共享。

（5）折扣促销。即通过设定一定条件，符合条件者给予一定的折扣，借此吸引价格敏感度较高的消费者；还有刮刮卡促销、免费品尝等其他方式。但一般都会结合上述促销内容举行。

对于卖场的下级经销商、分销商、一线终端，一般有如下营销活动类型：

(1)有奖销售。按照进货量给予进货商一定的促销品支持。

(2)进货奖励。除了正常政策外，对于符合特殊进货条件者，比如产品结构达到规定的比例，给予特别的奖励。

(3)库存补贴。为了鼓励大客户适当存货，避免缺货，按照标准给予客户的一种额外的支持。

(4)助销物支持。比如为经销商提供门头、招牌、条幅、易拉宝等，为终端生动化陈列及促销提供条件。那么，在春节旺季，针对不同的促销对象，具体采取哪种促销方式、哪种促销内容，就要充分结合当地市场风俗习惯、地域文化、结合渠道商以及市场的实际需求做出选择。

比如，某大型超市在春节时举办年货节，针对当年的兔年隆重推出了“买礼包，中金兔”的促销活动。具体操作为：销售的每个春节大礼包中都放有奖券，如果奖券标有“金兔”字样，就表明中了价值不菲的小金兔。同时，还配合当地强势传媒宣传造势，掀起了一个售卖的高潮。

5. 谁来做(Who)

营销活动要想落到实处，就必须要明确具体方案与执行细则，以此明确责任。这里包括两层意思：

(1)对渠道环节的促销执行进行跟踪，确保得到供应商和合作单位的支持，促销政策、促销资源能够到位和落地，避免活动推出无人响应。

(2)制定出具体的执行方案，进一步明确各项细节由谁来执行，确保活动按期举行。

比如，某商场为了为举办购物节进行宣传造势，决定在商场门前广场举行一场戏曲演出活动。为了如期举行活动，必须进一步明确由谁来负责联系剧团，谁来负责联系场地，谁来负责协调政府部门，谁来负责与企业协调宣传及助销物料，谁来负责现场布置及宣传售卖等，明确各自责任，确保活动有条不紊地开展。

6. 如何做(How)

要解决促销具体细节的问题，须明确以下四个方面：

(1)营销活动的时间段。营销活动是一次性举行还是分阶段举行?

(2)营销活动的主题。每个营销活动都应该有相应的主题,是感恩、回馈,还是送福、送喜等。比如春节的营销活动主题要与春节紧密结合,要符合消费者的喜好等。

(3)营销活动的形式。确定营销活动的具体表现形式,是现金营销活动,还是实物营销活动;是有奖销售,还是过程奖励等;是举行活动,还是现场买赠;等等。

(4)营销活动培训。营销活动要想执行得好,营销活动举办前的培训必不可少,要对所有参与营销活动的人员进行全方位的培训,让他们了解营销活动的动机,培训他们营销活动的步骤、方法、技巧以及作为一个销售人员所必须具备的心态、技能等,进行有关活动解说、产品介绍、推销时机把握,营销活动技巧、异议处理等方面的培训,从而使销售人员了解营销活动的细节并执行到位,以确保活动能够顺利进行。

7. 费用预算(How much)

有些营销活动之所以效果不佳,跟预算不周有很大的关系,比如活动预算偏少,按照流程再申请,需耗费大量时间与精力等,往往错失最佳时机,使营销活动不能达到最佳的效果。因此,需要对营销活动预算进行充分的估计,其内容包括三个方面:

(1)固定费用。举行营销活动的场地费、公关费、宣传物料费等。

(2)临时追加费用。比如临时招聘的导购员、营销活动员、宣传员等的费用。

(3)可变费用。比如助销物料(样品)、奖励等。因此,为了保证营销活动能够圆满完成,需要在做营销活动预算时增加机动费用一栏,避免由于费用预算不足而影响营销活动的正常顺利开展。

## 三、营销策划的步骤

市场营销策划的主要步骤包括:①市场调研;②市场细分与定位;③选

择企业的营销战略,制订营销计划;④制定营销策划方案;⑤进行广告宣传;⑥执行营销策划方案;⑦评估营销策划方案效果。

### (一)市场调研

围绕企业经营战略进行全面的市场调研,通过多种方式收集信息资料、掌握第一手资料,为整体策划服务。市场调研不仅包括对市场情况、消费者需求进行深入调查,还包括对市场上竞争产品的了解以及对经销商情况的了解。大致包括以下几个方面:

1. 宏观环境调研

企业要对整个社会大环境有所了解和把握,首先要明确所处环境的各种宏观力量(经济、政治/法律、社会、文化、技术)和局内各方(企业、竞争者、分销商和供应商)的情况,从中找出对自己有利的切入点。

2. 市场形势调研

市场形势调研指对不同地区的销售状况、购买动态以及可能发展的市场空间进行了解,进行整个商品或消费品市场的数量和金额分析,认清自身的弱项和强项,充分发挥自身优势,改正或弱化自身不足。

3. 市场机会调研

市场机会调研指对企业市场营销状况进行了解,找出不足和有待加强、改进的地方。分析原来所经营的产品可能受到的冲击,寻找市场上的机会和发展空间。

4. 竞争形势调研

竞争形势调研指对竞争者的情况进行全方位的了解,包括其产品的市场占有率、营销战略、市场细分与商品定位、商品结构与优缺点、定价策略、广告费用与广告表现、促销活动、公关活动、销售量与销售额、利润和费用情况等方面。

5. 消费者心理分析

消费者心理分析包括对消费者年龄、性别、家庭收入等的分析。要分析消费者对产品的倾向程度,消费行为特征,对促销措施的接受程度,对具有竞争性的产品、价格、渠道的态度，便于制定针对性的营销措施。

市场调研是一次去粗取精、去伪存真的过程，是营销策划的前奏与基础，企业只有通过对整个市场综合情况进行全盘考虑和各种分析，充分掌握自身、环境、产品的情况，才能为制定切合实际的营销目标、营销战略和措施打好基础。

### （二）市场细分与定位

对于市场调研中所确认的发展机会，企业要对自身及所经营产品进行准确的定位，找出其卖点，然后由此出发，确定目标市场，并确定产品价格、分销和促销政策。企业还需要为利益相关者、企业的声誉等有关方面设立目标。

### （三）选择企业营销战略，制订营销计划

任何目标都有多种达成途径，营销战略指企业采用什么样的方法、手段去进入和占领自己选定的目标市场，也就是说企业将采用何种方式去接近消费者以及确定营销领域。制定营销战略的目的就是选择最有效的行动方式来完成企业目标。营销计划包括经营目标、目标市场和商品定位，促销活动的重点和原则，公关活动的重点和原则，价格策略，分销策略，广告形式和投资预算等。

企业必须围绕已制定的目标进行统筹安排，结合自身特点制定可行的市场营销战略与营销计划。

### （四）制定营销策划方案

1. 明确策划目标

策划营销活动必须有明确的目标。有了目标，相关的活动展开才能有章可循，完成结果的情况也才能有所比较。策划目标必须有量化的指标，才能达到考核、控制、计划目的。量化的指标通常有销售额、客流量、市场占有率、毛利率、对比日期、增长率、重复购买率、促销广告的参与率、到达率、活动效果满意比率等。

2. 确定活动主题

将活动的主题确立在一定时空范围之内，力求主题明晰、重点突出。根

据实际需要，提出新的创意。

3. 制定执行方案

根据策划主题与目标，制定具体的执行方案。执行方案包括选择活动的形式和内容、价格策略、商品的陈列与店堂布置、服务质量等。

4. 销售预测

测算营销活动预计达到的销售额、经营成本及市场营销费用，收入与支出的差额就是活动预计的盈利。销售预测是企业有关部门、有关环节安排采购、生产、人力及营销工作的依据。

5. 选择时机

营销活动的开展需要从时间上到协调上制定一个统筹兼顾的方案，要求选择合适的产品上市时间，同时各种促销活动要相互协调和照应。有的营销策划方案忽略产品上市的最佳时机，这会直接影响到营销活动的展开。而各个促销活动在时间和空间上也要做到相互搭配、错落有致。

6. 编制费用预算

费用预算是指企业为达到其目标计划的行为和活动所需要的成本。包括执行市场营销战略、营销计划所需的预算以及在各个营销环节、各种营销手段之间的预算分配。制定营销预算时要特别注意产品的市场定位和资金投入分配。

7. 设计控制和应急措施方案

再好的市场营销策划方案，如果在执行中出了偏差，一样不会有好的结果。在策划方案里应该就行动计划的时间限制做好周密科学的安排，提出详细可行的检查办法和评估标准，并列出尽可能量化的指标便于对比和质量控制。设计应急措施方案的目的是事先充分考虑到可能出现的各种困难，防患于未然。可以扼要地列举出最有可能发生的某些不利情况，指出有关部门、人员应当采取的对策。

8. 撰写市场营销计划书

撰写市场营销计划书是制定营销策划方案的最后一个步骤，就是将营销策划的最终成果整理成书面材料。市场营销计划书也叫营销策划书或营销策划案。其主体部分包括企业现状或背景介绍、分析、目标、战略、战术或行动方案、效益预测、控制和应急措施，各部分的内容可因具体要求不同而详略不一。

**（五）进行广告宣传**

营销活动要想达到预期的效果，广而告之并让消费者知悉是前提之一。广告宣传作为现代商品社会所必需的一种宣传手段，其作用已经越来越为人们所认同，正所谓“知道就是看到和听到”。卖场能够在多大程度上对广告资源进行利用，将决定消费者对营销活动的认知度。卖场通过灵活多样的宣传形式，可以直接拉动商品与服务的销售。

**（六）执行营销策划方案**

根据选定的方案将任务详细分配至各职能部门，分头实施，并按进度表与预算表进行监督。每一个具体的营销策划方案，在执行时其内容与形式都有可能与现实发生冲突，实际执行过程中必须灵活使用，使得策划方案发挥出更好的效果。

**（七）评估营销策划方案的效果**

对营销策划方案的效果进行评估，是为了改进以及保证下一次营销活动做得更好。营销活动在策划阶段就必须选择若干量化效果衡量指标，通过对这些指标的衡量可以判断活动的质量和效果；通过策划方案与实施结果的比较找出问题，可以在今后的策划中吸取教训；而对活动的综合评价也可以作为对参与人员实施有效奖惩的依据。

## 第二节　营销策划的发展历程

### 一、我国卖场营销策划的现状

自改革开放以来的30多年时间里，我国市场经济蓬勃发展，随着商品销售从供不应求时代到大众化时代、小众化时代，到如今的个性化消费时代，卖场营销策划工作的重点也在不断地发生变化，其过程大致经历了以下三个阶段：

### （一）产品营销策划阶段

改革开放之初物资匮乏，消费者对商品的需求旺盛，企业营销策划的主要工作是集中力量采购商品，而不注重消费者的需求和愿望，并忽略了服务水平、促销措施等方面的提升。一旦新技术和替代产品出现，企业的营销就出现滞销。

### （二）促销营销策划阶段

大众化时代社会商品逐渐丰富，企业在营销策划方面的重点是如何促销产品，因此各企业纷纷在卖场一线增设销售人员，并制定激励政策鼓励销售人员多卖产品，同时运用广告战、价格战刺激消费者需求，但忽视了消费者的具体需求和满意度。消费者具体需求一旦发生改变，企业的营销就会陷入困境。

### （三）系统营销策划阶段

随着经济不断发展，商品日益丰富，消费者需求发生了根本性的转变，个性化消费成为时尚，企业营销策划的重点是不断分析消费者心理和行为特征，并进行市场细分，通过设计产品、定价、分销和促销等一系列系统手段来满足消费者的需求和欲望（见图 1－1）。

当前我国商品零售市场呈现以下特征：

（1）物质产品极大丰富，市场供给丰富，品牌的集聚效应显现。随着国内市场经济的发展、城市化的持续快速推进，国内零售行业蓬勃发展，物质产品供给丰富，品牌消费模式已经在国内进入成熟的发展阶段，消费者产生多元化的体验消费需求，购物时日益追求品牌。不仅北京、上海等一线城市如此，在国内二、三线城市这一现象也正在上演。

（2）社会收入两极分化，多文化、多生活方式并存。随着国民收入水平的提高，居民消费需求不断升级，多家海外零售企业陆续进驻国内城市，本土知名零售企业也积极提升自身品牌与经营服务水平，“千店一面”的传统

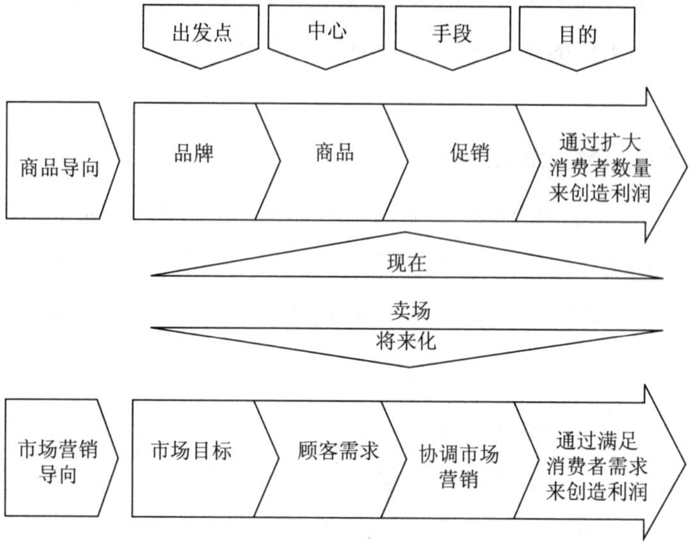


**图1－1　不同时期营销策划的导向与做法**

零售企业的生存空间正在被蚕食和挤压，迫使各企业不断进行分化，寻求适合自身的目标市场与消费群体。

(3)消费者更加成熟与理智，对商品价格、时尚度、购物体验十分关注。随着经济的发展和人民生活水平的提高，消费者已不再简单满足于品种丰富的廉价商品，而转为追求更注重具有个性化和人情味的产品与服务。零售企业必须注重了解和研究消费者需求，努力提高消费者满意度及忠诚度，力求形成一种以消费者为中心，视消费者满意度和忠诚度为核心竞争力的竞争优势。

(4)不同零售业态及企业间竞争激烈。目前零售业态有百货公司、购物中心、超市、便利店、专业市场、折扣店、专卖店等。受多年同质化、多渠道挤压等影响，传统百货商场与超市风光不再，取而代之的是具有更大体量、更强聚客能力的“购物中心”“城市综合体”。从消费者的视角来看，“购物中心”无疑相当于一个升级版的卖场，在满足购物需求的基础上，大面积地增加餐饮、休闲、娱乐、文化、观光等非零售功能，聚客能力更强。以万达广场为例，除了购物之外，甚至增加了近50%的非零售业态，如万达院线、量贩式KTV、电玩城、健身会所、真冰滑冰场等非零售配套设施。在经营成本方面，随着人口红利的逐步退去，加之人工费用增加和物价上涨等因素的影响，传统卖场经营成本大幅上升，租金随商业物业资源稀缺度的提高和激烈的商业竞争环境而大幅提升，部分卖场因不堪重负选择了关闭。

(5)网络购物发展迅速，对传统商业企业构成极大挑战。2012 年 11 月 11 日，阿里集团旗下的淘宝商城以"光棍节"的名义举办促销活动，单日成交额为 191 亿元。而同年"十一"黄金周期间全国 395 家大中型商业企业共销售 64.30 亿元，仅为淘宝商城 1 天销售额的 1/3。由于在线购物价格低、方便快捷等优势，消费者热衷于此，传统卖场受到强力挤压，一些商场正沦落为顾客只看不买的"试衣间"。

营销策划有助于解决企业在营销中的问题，提高企业营销管理能力，建设企业核心竞争力。营销策划行业是一个全新的有着光明前景的朝阳行业，在我国有很大的发展空间，受到业内人士的广泛关注。

## 二、我国卖场营销策划存在的主要问题

当前我国企业在营销策划方面还面临着专业人才缺乏、营销观念落后、缺乏创新等问题，导致实际策划水平较低，直接影响到企业自身的生存和发展。

### （一）存在的主要问题

#### 1. 营销理念落后，对营销策划未引起足够重视

在营销策划越来越受到零售企业推崇的今天，仍有部分企业并没有重视营销策划。一些企业尽管不断地新建或扩建卖场，但其经营理念与技术却一直在原地踏步。有的企业在成长过程中形成了自己独有的营销方式，在新的形势下不愿接受新的营销策划带来的不确定性，认为企业只要凭借以往的经营手段就可以打开市场，对营销策划工作不重视。有的中小零售企业认为营销策划所需费用是不小的开支，未能认识到其重要性，不愿在此方面进行投入。

2. 营销策划整体水平低，经营丧失个性化

从当前整体行业来说，国内企业的营销策划水平有待提高，营销策划人员良莠不齐，营销策划水平处于较低状态。营销策划的核心是创新，要根据企业自身的条件量身定做。不同的企业、不同的营销策划部门做出的营销策划方案都是不一样的，每一个营销策划方案都是新思维的表现，是赢得竞争胜利的先决条件。但业内大部分企业只是机械套用知名企业的营销策划方案，而不是从创新角度出发来构思营销策划方案，出现“千店一面”的局面。很多卖场在引进品牌时重复率很高，趋同倾向严重，而且卖场内装修布局、陈列展示、促销方式等几乎都一样，容易让消费者感到乏味。

3. 营销策划创新不足，形式单一，价格战泛滥

从近年来的发展情况看，国内多数城市的各类卖场建设速度远远超出了居民实际购买力的增长水平。这种超饱和状态必然造成竞争过度激烈。由于大多数卖场的营销策划创新不足，所以竞争的主要手段还是价格促销，难以刺激消费者的消费欲望，结果是同一区域内的卖场只能竞相打出降价牌，各种打折促销活动层出不穷。

一味采取低价策略吸引消费者，把利润降到最低限度，给零售企业带来了沉重的包袱，大大降低了企业盈利水平。这些企业通常会从供应商那里想办法得到补偿，在损害供应商利益的同时，又培养了消费者一味追逐低价促销的习惯。

价格战使企业陷入了低层次的竞争，忽略了以商品质量、环境质量、服务质量、经营管理质量参与竞争。因此，卖场要把主要的精力放在提升商品档次、创新商品品类、改善服务上，要用种类齐、品位高、服务好、形象好的优势去征服消费者。

消费者在购物时，不仅要求价格合理，而且对购物环境、销售人员的服务态度、商品的个性化等也提出了要求，商场单纯依靠价格进行竞争的作用越来越低，一些高明的企业开始创新观念，关注围绕消费者内在需求的差异化进行营销。如一些海外零售企业进入中国市场后，并不看重眼前的得失，更多地从长远的、战略上的竞争出发，坚持走时尚精品道路，拥有了大批稳

定的消费者。

### （二）应避免的误区

正确认识营销策划，应注意避免六大误区。

1. 营销策划是“包治百病的良方”

随着市场竞争的加剧，企业在经营与管理中遇到的挑战和难题也越来越多，一些管理者把解决问题的希望几乎完全寄托在某些策划者的营销策划方案上，希望能够一招制胜，这是极其错误和不现实的。

任何一个企业在市场竞争中，首要任务是苦练自身内功，企业自己的综合素质和领导者的综合素质是决定企业成败的关键因素。单个策划方案的时效性和效果都是有限的，把希望寄托在营销策划上无法解决企业长期发展的最根本问题。企业首先应该提高自身整体素质，提升企业的市场应变能力、核心竞争能力。营销策划是企业竞争制胜的重要手段，但不能解决企业面临的所有问题。

2. 有实践经验就可以做好营销策划

有的人在卖场营销一线的时间比较长，有丰富的一线营销管理经验，因此就认为自己可以从事营销策划。实践证明，有实践经验是做好营销策划的必要条件，但不是充分条件。也就是说，一个优秀的营销策划者一定要有市场营销的一线实践经验，没有实践经验、不了解企业的营销运作很难做好营销策划。但反过来，有实践经验的人也并不一定就能成为优秀的营销策划者，还需要具备其他的诸多条件。

3. 有专业知识就能做好营销策划

从事营销策划并非一定要具备高学历和高深的理论积累，但一定要涉猎广泛，知识面丰富。因为营销策划过程中必然会涉及各方面的知识，如果对这些知识不了解就无法做好营销策划。有的人专业知识比较丰富，具有经济理论知识、市场营销理论、营销策划理论基础，但其不一定就能做好营销策划。其原因是，营销策划需要渊博的知识，作为一名营销策划者所具有的素质是多方面的，如果只具备某些方面的素质、能力显然是不够的，也不代表其就能很好地做好营销策划工作。

4. 会出"点子"就能做好营销策划

"点子"是营销策划创意的一种表现形式。有些人脑子灵活、"点子"多，就自认为可以做好营销策划工作，就能做出好的营销策划方案。实际上，营销策划是按照一定逻辑程序进行创意的系统工程，要按照一定程序、经过严格的逻辑思维设计、制定完善方案并实施之后，才能达到预期的效果，比起"点子"要复杂得多。因此，我们一定要正确看待这两者的区别。

5. 企业领导必须精通营销策划

事实上，任何一个企业离开了管理者自身管理能力的修炼和营销水平的提高，都无法取得市场竞争的胜利。但这不代表企业领导必须精通营销策划，完全自力更生。随着市场经济的发展，科技的进步，社会化分工越来越细，而一个企业及领导者的能力是有限的。为了应付市场的快速变化和激烈竞争，适时引进人才和他人的成果来提升竞争的能力，增强应对措施，也是无可非议的。企业领导要在提高自身素质和能力的前提下，适时引进"外脑"，利用他人的经验和智慧成果，达到内外结合，融入升华，同样可以搞好企业的经营。

6. 营销策划可以解决未来的营销问题

随着市场营销实践的发展，不少企业对未来市场的发展趋势十分关心，认为营销策划是针对市场未来发展的决策，可以解决未来的营销问题，因此邀请一些人来研究、预测未来市场走势，据此策划一些方案。但事实上，营销策划是对未来市场发展做出当前的行动对策。企业经过调研分析找到今后市场的发展方向，通过营销策划解决当前问题以应对未来的变化。

## 三、我国卖场营销策划的发展方向

真正有效的营销策划应该以营销创新作为支撑。这里的创新意味着企业要善于利用一切策划工具与方法，了解市场、自己与消费者，针对消费者的需求主动寻找和创造商机，而不是永远走在竞争对手的后面。

营销策划未来的发展方向包括三个方面：

### （一）提炼差异化的营销策划主题

差异化、切合消费者需求与市场实际的主题是营销策划的灵魂，直接决定卖场的生存和发展。商场如战场，在物质极大丰富的今天，消费者的需求也基本得到满足，但市场空间广阔，只要认真寻找，就能够发现机会。卖场要进行充分的市场调查，透过主要竞品的空档，寻找消费群体中未被满足的消费需求，或是随着形势变化变得不充分的消费需求。具体思路包括：

(1)大力挖掘商品的卖点。从所经营商品的品牌形象、商品本身的优势、商品的权威性、商品的功能效用等角度出发，吸引消费者。

(2)改变商场的内部经营环境，如店堂格局、装饰装潢、商品陈列、服务措施等。

(3)实行差异化的营销和促销手段，使消费者产生深刻印象。

(4)做好卖场自身的业绩与资源分析，寻找自身的竞争优势和独特资源并加以利用。

广东华侨城铜锣湾广场推出以“生态景观和海洋文化”为主题的营销策划方案，场内设计了雕塑公园、核心购物区、酒吧风情和生态广场四个主题形式，获得了成功。为了这个营销策划方案，广场开发商投巨资聘请著名的昆明世博园规划师进行营销策划。这个主题之所以成功，同广场开发商走“差异化”道路、突出“多元化”功能、开展“亲民化”消费是分不开的，尤其是避免了“同质化”的恶性竞争。这个国内唯一的主题设计是该项目脱颖而出的关键。

### （二）打造卖场品牌

当消费者面对风格相近、价格与服务也差不多的两家甚至几家卖场进行选择时，卖场要想赢得消费者，就要给消费者一个为什么选择你而不是其他卖场的理由，卖场品牌在此时显得尤其重要。以打造卖场品牌为出发点的营销策划，有助于建立和发展零售卖场的品牌资产，树立卖场在消费者心目中的形象，并且使消费者产生品牌偏好，以及产生想要前来购物的欲望。

打造卖场品牌的好处显而易见，但真正做起来却不是那么容易。对于大多数零售卖场而言，相当大比例的销售额和利润来自供应商的品牌产品，而其他竞争对手也在销售同样品牌的产品，这对打造卖场品牌来说是一个很大的挑战。所以,虽然在消费领域很多品牌管理和营销的原则是相通的,但是在这些原则的应用上,卖场品牌和供应商品牌之间却有着很大的差异性。

一方面,卖场品牌的形象和资产在很大程度上取决于它们所售卖的供应商品牌以及这些品牌的品牌资产。卖场利用供应商品牌来吸引消费者光顾。在某种程度上,供应商品牌属于组成卖场品牌的一部分。要把众多消费者拉进卖场,单靠卖场品牌是远远做不到的。

另一方面,相对于供应商品牌,卖场品牌的建立更多地依赖于消费者的各种体验。卖场可以通过特定的服务,以及商品的陈列方式、价格和促销策略,实现与竞争对手的差异化,从而建立品牌资产。

由此可见,在营销的过程中,卖场的品牌形象与卖场销售的品牌组合以及带给消费者的体验是密切相关的。卖场了解自己在消费者心目中的品牌形象对建立品牌资产非常重要。

卖场在制定营销品牌战略之前,必须要回答以下几个问题:目前在消费者心目中卖场的形象是怎么样的?店内的各种要素对卖场形象的重要程度如何?它们又是怎样影响消费者的?

有专家通过对以往消费者购买行为的研究,总结出在消费者心目中商店的形象主要由五个维度组成,它们分别是便利、店内气氛、价格和促销、商品组合以及服务。消费者在这五个维度上的态度会影响他们所感知的从卖场中获得的各种利益,最终导致他们是否愿意多花些钱、多花些时间,增加在这家卖场的购买次数和购买金额。

对于不同的零售业态,不同的消费者细分市场,或者不同的购物场合,不同的形象维度的重要程度会有很大的不同,这也为卖场提供了很大的空间与竞争对手进行有效的区隔。通过有效的营销策划,利用五个维度去影响消费者的态度和购买行为,能够帮助卖场在消费者心目中建立一种牢固的和独特的品牌关联。

### (三)注重消费者体验

从长远来看,卖场营销应该是以消费者为驱动,从商店品牌和购物体验等方面围绕消费者展开的营销。这需要卖场要做好四方面的工作：审时度势、明白消费群体是谁、品牌权益（定位）、怎样使品牌体验得以实现。具体而言就是要与时俱进，不仅要看清自己更要知道竞争对手在做什么，了解有哪些企业资源会形成哪些潜在优势。接下来就要从"谁"出发，要明白谁是自己应当取悦的对象，深入地了解除价格外，消费者还有什么要求。

4Cs 是美国营销大师劳特朋所创 4C 理论的简称，即顾客的欲求与需要、顾客获取满足的成本、顾客购买的方便性、沟通。注重 4Cs 是当前许多大企业全面调整市场营销战略的发展趋势，应为零售业所重视。4Cs 理论具体包括以下几个方面：

（1）顾客（Customer）。卖场直接面向顾客，因而更应该考虑顾客的需要和欲望，建立以顾客为中心的零售观念，将"以顾客为中心"作为一条红线，贯穿于市场营销活动的整个过程。卖场应站在顾客的立场，帮助顾客挑选商品货源；按照顾客的需要及购买行为的要求，组织商品销售；研究顾客的购买行为，更好地满足顾客的需要；更注重对顾客提供优质的服务。

（2）成本（Cost）。顾客在购买某一商品时，除耗费一定的资金外，还要耗费一定的时间、精力和体力，这些构成了顾客总成本。所以，顾客总成本包括货币成本、时间成本、精神成本和体力成本等。由于顾客在购买商品时，总希望把有关成本包括货币、时间、精神和体力等降到最低限度，以使自己得到最大限度的满足，因此，卖场必须考虑顾客为满足需求而愿意支付的顾客总成本，努力降低顾客购买的总成本。如降低商品进价成本和市场营销费用，从而降低商品价格，以减少顾客的货币成本；努力提高工作效率，尽可能减少顾客的时间支出，节约顾客的购买时间；通过多种渠道向顾客提供详尽的信息、为顾客提供良好的售后服务，减少顾客精神和体力的耗费。

（3）方便（Convenient）。最大限度地便利消费者是目前处于过度竞争状况的卖场应该认真思考的问题。卖场在选择地理位置时，应考虑地区抉择、区域抉择、地点抉择等因素，尤其应考虑"消费者的易接近性"这一因素，使消费者容易到达商店。即使是远程的消费者，也能通过便利的交通光顾卖场。同时，在卖场的设计和布局上要考虑方便消费者进出、上下，方便消费者参观、浏览、挑选,方便消费者付款结算,等等。

(4)沟通(Communication)。卖场为了创建竞争优势,必须不断地与消费者沟通。与消费者沟通包括向消费者提供有关商店地点、商品、服务、价格等方面的信息;影响消费者的态度与偏好,说服消费者光顾商店、购买商品;在消费者的心目中树立良好的企业形象。在当今竞争激烈的零售市场环境下,卖场的管理者应该认识到,与消费者沟通比选择适当的商品、价格、地点、促销更为重要,更有利于企业的长期发展。

总之,卖场在进行营销策划、组织市场营销活动时,应该从卖场的行业特征出发,了解、掌握当前零售企业调整市场营销战略的发展趋势,注重4Cs在卖场营销管理中的运用。

## 复习题

### 一、简述题

1. 简述营销策划的意义。

2. 简述市场营销组合的特点与内容。

3. 简述市场营销策划的主要步骤。

### 二、案例分析题

**某商场开业十周年庆典促销活动安排**

(一)特价商品的组织、落实

(1)10月15—30日,商品谈判、组织阶段。特价商品500种,亮点特价商品不少于200种。特价商品以调整部分商品、新品、应季商品为主,以生鲜、日配、副食商品为重点。亮点商品:生鲜20种,日配40种,副食20种,食品50种,百货45种,日杂25种。

(2)时间安排:11月8—30日为期23天,分为两个阶段,重点放在3个双休日。

第一阶段　11月8—18日　十年盛典　震撼开篇

第二阶段　11月20—30日　礼闹店庆　奖遍天下

(3)11月8日前骨干促销商品、主题促销商品落实到位。

（二）促销活动

第一阶段：十年盛典　震撼开篇

时间：11 月 8—18 日

商品：本期共推出特价商品 300 种。食品类商品 150 种，百货类商品 150 种。一般特价商品 200 种，50 种重点特价商品，50 种半价商品。包括下列活动：

1. 盛典起航——锣鼓喧天活动

11 月 8 日在店前广场举行开业十年庆典启动仪式，全体员工参加，具体程序：

（1）早 7：30 全体员工到岗，做好班前准备工作。

（2）早 7：50 店前广场列队集合，分为管理人员、员工、收银员、促销员四列方阵。

（3）早 7：50—8：15 进行庆典启动仪式，分为总经理致辞、来宾致辞、员工代表宣读决心书、集体宣背店训词四项内容。

（4）早 8：15—9：30 进行“锣鼓喧天——秧歌表演”。

2. 1 元超级换购

11 月 8—18 日，在本店购物的消费者一次性购物达到一定金额予以换购。

满 18 元 加 1 元换购食盐 1 袋（3. 2 元/100 元）

满 38 元 加 1 元换购洗涤灵 1 瓶（4. 0 元/100 元）

满 58 元 加 1 元换购鸡蛋 1 斤（4. 3 元/100 元）

限量派送，送完为止。

3. 同喜同庆——家电旋风场

11 月 8—18 日，“家电购物节——零点利大行动”促销活动：

旋风劲爆：空调、冰箱、洗衣机、彩色电视、背投进价销售，每日一款全市最低价。小家电（微波炉、饮水机、电火锅、电话机、录音机、随身听）全场 8. 8 折，个别商品除外。

折上送礼：活动期间，全场家电买就送，样样有礼！

第二阶段：礼闹店庆　奖遍天下

时间:11 月 20—30 日

商品:本期共推出特价商品 200 种。食品类商品 80 种,百货类商品 120 种,其中 50 种半价商品。包括下列活动:

(1)百人赛购,礼上礼

11 月 20—21 日,在本店购物的消费者一次性购物达到一定金额予以换购。

满 100 元加 1 元换购 10 斤装面粉 1 包

满 200 元加 1 元换购 20 斤装大米 1 包

满 300 元加 1 元换购 5L 色拉油 1 桶

(2)购物"重"奖——大礼快来拿!

11 月 20—30 日一次性购物满 50 元便可参加抽奖。

一等奖:10 名　自行车 1 辆

二等奖:20 名　电饭锅 1 台

三等奖:1000 名　卫生纸 1 提

四等奖:2000 名　洗涤灵 1 瓶

五等奖:5000 名　精美纪念礼品 1 份

(三)广告宣传

1. 店外宣传

(1)白天装饰:

11 月 8—30 日,正门前两侧设置 2 个巨幅画幕。

11 月 6—30 日,门前玻璃窗店庆、宣传标语。

11 月 5—30 日,商场前侧悬挂厂家同贺竖幅 60 条,设立巨幅 2 条。

11 月 8—30 日,门前广场设置彩虹门。

11 月 8—30 日,高潮促销日期间,设立 2 个充气卡通人物和 6 个升空气球。

(2)晚间装饰:

11 月 5 日前对店外射灯安装完毕。

2. 店内宣传

(1)颜色以红色为主色调。

(2)宣传重点部位:超市入口、收银台上方、坡道梯、卖场柱子、头顶装饰。

(3)具体装饰要求:设置吊挂 POP500 张,吊挂尺寸较正常尺寸加大30%;收银台上方设置店庆装饰喷绘板,11 月 6 日起安装。

3. 媒体宣传

(1)电视台广告以 15 秒广告为主,全部放在黄金时段。自 11 月 8—30 日按阶段促销,滚动推出。

(2)报纸媒体作为主要窗口,制作一期,旨在扩大宣传(渠道)。

(3)配合特价促销活动,制作 DM 促销广告。

(4)二期 DM,以重张的两阶段为周期,推出二期 DM 海报(即 11 月 8—18 日;11 月 20—30 日)。DM 数量每期 1.5 万张,城区 1 万张,外围 5000 张。

4. 工作进度

(1)11 月 1 日前确定媒体广告内容、单店海报版面,11 月 5 日媒体广告、单店海报全部到位。

(2)11 月 5 日前完成店内外的装饰工作。

(3)11 月 6—7 日,组织发放第一期海报。

(4)11 月 20—21 日,组织发放第二期海报。

**思考题:**商场促销活动计划还可以补充哪些内容?

## 本章小结

营销策划是企业为了充分利用市场机会、实现持续发展,根据企业营销目标与现有营销状况,以市场需求为导向,以满足消费者需求和欲望为核心,借助科学方法与创新思维,对企业未来的营销活动进行长远谋划和组织的过程。市场营销组合包括产品、价格、渠道、促销等内容。

市场营销策划的主要步骤包括市场调研、市场细分与定位、选择企业营销战略、制定营销策划方案、进行广告宣传、执行营销策划方案、评估营销策划方案效果等。

# 第二章

# 营销策划活动

## 学习目的与要求

掌握营销策划的执行部门对人员要求、主要工作原则与方法。

## 关键词

创造性;全面;系统

## 课时

建议 8 课时。

**导入案例**

## “破五”遇情人节　北京重点商家卖出4.5亿元

“破五”遇上情人节。北京市商务委称，昨日北京的消费市场又出现一波小高潮，全市重点商家销售额达4.5亿元，同比增长8.5%。

**情人节促黄金销售攀升**

来自市商务委的北京商业信息咨询中心监测显示，昨日全市120家重点商业服务业企业当日实现销售额4.5亿元，同比增长8.5%，环比增加3000万元。蓝岛大厦、新光天地、君太百货等百货商场当日销售额增长均在11%以上，王府井百货大楼、长安商场、当代商城等都专门特设、营销策划了情人节促销板块和主题活动，进行情人节商品展卖。

同时，“贺岁题材”加上情人节的“爱情题材”，让金银珠宝消费有了更充足的“理由”。转运珠、千元左右的“涟运蛇”彩线编织手链、10克以内的生肖摆件，颇受消费者青睐。在菜百、国华等黄金珠宝卖场，金银珠宝饰品搭配巧克力、玫瑰花，引得不少年轻情侣驻足。

市商务委监测，菜百、国华、工美大厦三家以销售金银珠宝饰品为主的商场，这几日累计实现销售额5.3亿元，增长3%。

资料来源：2013年2月15日《新京报》。

# 第一节　策划部门

## 一、策划部门的职责

出于营销职能的需要，卖场一般都有专职负责营销策划的职能部门，其名称不一,有“营销策划部”“营销部”“市场部”等,除一些边际职能有所扩大或缩小外,主要职能是在卖场营销策划的流程中担当规划、统筹和参与实施的工作角色。为表述方便,下文统一称为策划部门。

策划部门的工作目标是通过创造性的思维对项目进行准确定位、推广,而且要用最少的投入为企业创造最大的价值。部门职责主要包括五个方面。

### (一)制定企业营销战略

研究制定企业营销战略,形成企业营销策划总体方案,对营销活动进行全面策划。具体包括:

(1)收集整理竞争对手及行业市场趋势等相关资料和数据,把握、分析各种情况,制定相应市场策略。

(2)领导企业不同职能部门围绕营销工作重点,各司其职,各负其责,形成营销工作联动机制。

(3)根据企业整体规划,以市场和客户为中心,制定短中长期的宣传营销策划,编制广告计划及费用的预算。

(4)通过报纸、杂志、网络、电视等媒体及时关注竞争对手的媒体投入情况,并做好反馈工作,为企业广告投入提供依据。

### (二)营销策划方案的审定

根据企业的总体营销策划、年度营销工作规划和品牌推广计划,深入细致地开展市场调研,在全面深入地进行市场调查的基础上,对全年和每一季度市场营销的活动主题、主推产品、推广形式、经费投入和预期效果进行精心策划,明确营销活动的具体目标、方法和工作措施。主要包括:

(1)分析项目目标客户群的准确定位,并依据各方面信息制定价格定位策略。

(2)选择合适的入市时机,确定项目的主卖点并注意广告语荟萃、储备。

(3)制定分阶段广告策略及其相应主题,注意不同阶段的媒介策略及组合。

(4)营销策划并组织实施阶段性系列公关活动及其现场包装。

(5)对活动的费用进行预算、计划,分阶段对市场需求进行调查,及时掌握了解准客户需求,积累收集相关信息和资料。

(6)择机对竞争项目进行调查,分析市场竞争对手动向,积累具有竞争目的的各种文案营销策划及推广素材。

(7)整理收集市场信息,并据此编写相关策划方案且对其进行论证,进行企业形象、品牌建设、目标客户分析、项目功能等各个方面的市场定位。

### （三）营销策划活动的对外宣传

具体包括媒体广告投放、店面布置、活动组织协调、甄选广告、原材料、模型、印刷、展览设计等,以及与相关单位的合作,并对其进行适当管理,同时要为领导决策提供科学、翔实的数据和动态信息。

### （四）营销策划方案执行中的控制

组织实施营销策划方案的执行,包括负责企业营销策划推广活动的细节安排以及合作单位活动的协调;活动进行中的动态跟踪,做好企业内部活动的监督和具体指导,以及主要竞争对手的客流、活动动态信息的数据分析调研。这个过程往往被企业所忽视,而实际上活动的执行好比长跑中的"途中跑"阶段,充分重视和均匀用力才能不被竞争对手超越,切不可抱有做完活动就完事大吉的心态。

### （五）活动进行后的反馈

检查和验收营销方案的实施效果;检查上季度工作成效,落实本季度活动主题和营销方法,安排下季度市场推广计划。这个阶段也易被多数企业所忽视,而在数据分析上的大而化之又使得活动总结流于形式。

## 二、策划人员

营销策划人员需要掌握综合知识和技能,包括经济学、行为科学、数学、统计学、心理学、社会学、生态学、商标学、广告和法律等学科的知识和技能。

营销策划人员所具备的三种主要素质是思维能力、专业知识和工作热情。

### （一）思维能力

思考是策划人最为重要的生存技能。衡量一个人的逻辑和判断能力最为重要的标准就是系统思维能力，即能用综合的知识去解决复杂的问题。同时营销策划人员要有强大的判断力和观察力；要有敏锐的洞察能力，能把握市场上的各种机会并规避市场上存在的风险。

### （二）专业知识

大量的专业知识是营销策划的坚实后盾，这需要综合知识能力，需要策划人员在不断的实践中吸取经验，获取知识。

(1)熟悉行业市场运作，了解当地市场并有良好的文字功底。

(2)具有良好的组织协调能力、沟通能力、分析能力、管理能力以及市场洞察力与敏感度。

(3)有丰富的阅历和营销经验，对企业在营销各个环节出现的问题能做出准确的判断。

(4)有较高的情商，思维活跃并具有良好的团队合作精神。

(5)有责任心，工作认真负责。这是首要条件。

(6)有恒心，有强烈成功欲望，相信自己，坚持不懈。

策划人员需要不断积累经验，很多东西是书本上学不到的，需要在不断的实践过程中与自身工作相结合，学习更多的知识来充实自己，以便更好地完成工作，并实现创新与超越。

### （三）工作热情

策划人员要有狂热的工作热情，爱好本职工作，把营销策划当成自己生命中的一部分。只有这样，才能有强烈的动机和兴趣把工作做到极致。

## 三、策划部门与其他部门的关系

营销策划是一项系统工程，不是单纯某一个部门的事情，它需要各部门联动，彼此协调与互相支持。各部门在营销活动中的职责如下：

### （一）策划部门

要做好市场营销各方面的调研，根据行业及市场趋势策划设计出更有效果、更具前瞻性的营销活动。要做好营销活动等的系统设计，尤其是细节的设计。同时，还要做好营销活动开始前的培训等工作，力求参与人员都能真正了解活动的内涵与细节。

### （二）销售部门

营销活动实际效果如何，还要看一线销售人员的执行是否有质量，是否能够不折不扣地将各个细节落实到位，在执行过程中有没有偏离方案设计以及市场变化的方向，能不能根据营销活动的结果及时反馈，以便完善与提高。

### （三）物流部门

物流部门是营销工作的协调及中转部门。营销活动是否执行得好，要看物流部门能否供应及时，比如能否快捷地将营销物料配送到位，能否将营销的产品配送到位等。

### （四）采购部门

采购是营销工作开展的保障部门。营销活动要想按计划收到实效，就需要采购部门按策划部门的计划按时、保质、保量地将产品、助销物料采购到位，否则就会拖活动的后腿。

### （五）财务部门

财务部门也是营销活动成败的关键部门。一个活动能否执行到底、执行到位，财务部门的资金保障至关重要。很多企业在营销活动中雷声大、雨点小，往往跟营销资金缺位或预算不周全有很大的关系。因此，营销活动要想顺利开展，财务部门的资金准备也是必要的。

就卖场营销体系的运行而言，策划部门的角色相当重要，做好规划是实现卖场品牌增值和提高销售业绩的重要前提。但是，有些商场的营销策划部门定位不清、职责不明，难以影响其他职能部门履行各自的职责，处于比较尴尬的位置。

营销活动的进行需要卖场各个部门的合作，包括营销策划部门在内的各个职能部门都是企业有机整体的一部分，任何工作都需要协调沟通、统一行动。因此，企业要明晰各个部门在营销活动进程中所扮演的角色和承担的使命，消除部门之间的对立，和谐统筹各个部门的功能，以保证策划活动的顺畅进行。

例如，由策划部门发起的卖场促销活动，可能会出现消费者踊跃抢购的情况，这就需要采购部门与物流部门紧密配合，及时提供足够的存货以满足顾客的需要，维护卖场的品牌形象与可信度。

策划部门在制定方案时应明确各个职能部门的职责和工作接口，协调各职能部门做好规定的工作。一次完整的营销活动结束，在总结经验和评估绩效时要根据制定方案时的工作要求，与实际完成的效果进行比较，再充分考虑因客观条件变化而带来的影响，综合、客观地进行评价，并根据各个职能部门在活动中的表现，进行必要的奖惩和安排后续工作。

策划部门在制定好方案的同时，应更加紧密地与兄弟部门合作，共同将营销策划工作做好。在正式会议之前将文件传送给相关部门人员，并进行私下讨论。比如，策划部门的计划需要增加资金投入，如果没有事先的沟通，财务经理很可能会告知没有足够的资金支持，由此导致这一计划遭受“灭顶之灾”。如果策划部门在还没有正式讨论之前已经获知这样的信息，就可以及时对策划方案进行修改。

案例

## 终端管理和维护不力导致化妆品营销失败

某中型化妆品企业想进入上海市场，该企业具有诸多竞争优势：

在产品品种上，有面膜、洗面奶、净白霜、护肤露等多个品种，符合消费者不同类型的需求。

在产品质量上，引进欧洲全套生产设备，技术人员由中外专家共同组成，产品获得国际认证。产品上市前进行了较大规模的效果测试，结论较为满意。

在产品的价位上，定位于中档偏高的价格。经过市场调研，大部分消费者认为产品物有所值，产生了浓厚的兴趣。

从营销资源来看，企业资金雄厚，可进行市场运作的资金达上千万元。

可以说，一切都非常令人满意。在这样的情况下，企业对产品在上海市场的推广制定了如下策略：广告上，通过电视广告等强势媒体向消费者宣传产品、树立品牌，并在主要报纸上配合系列软文。在渠道上，主要进入连锁超市、各大商场的店中店，及部分直营专卖店。在促销上，灵活采用打折、让利等活动，吸引消费者。

但是，经过近4个月的强力推广，产品的销量却始终停滞不前，企业陷入了困惑，无奈邀请有关咨询专家进行诊断。

依据一般的规律，专家首先对消费者进行调研。当问及消费者购买本产品的原因时，大多数消费者表示是受广告持续推出的影响。78%的消费者表示对电视广告印象不错，这说明企业产品在宣传和定位上没有太多误差。但消费者反映产品促销单一，产品在零售终端摆放的位置不明显，柜台宣传较少。这些细节引起了专家的注意。

在进一步走访了该产品的100多个终端并对经销商进行访谈后，问题渐渐浮出水面。在专家走访的终端中，除3家直营专卖店以外，有90%以上的零售终端的产品摆放位置不明显，甚至近40%的零售终端产品需要仔细寻找才能找得到。这正是消费者普遍反映在很多商场看不到该产品的原因。

实际上，100多个零售终端几乎涵盖了上海大部分中高档商店的化妆品柜台，但仅有25%的零售终端张贴了产品的海报，虽然有67%的零售终端摆放了为进行促销和宣传而印刷的宣传单，但仅处于“纯发放”状态，甚至有的柜台销售人员并不知道宣传单上介绍的是哪种产品。在对销售人员的访谈中专家发现，除专卖店外，仅有4%的销售人员向消费者首先推荐该产品；当消费者提及该产品时，也仅有8%的销售人员愿意推荐该产品；有90%的销售人员不知道该产品的主要特点、效果，仅将其当成普通化妆品推荐。而大多数经销商和零售商认为：尽管企业进行了一定的广告宣传，但产品的促销活动并未全面开展，而零售终端的利润空间也和其他产品相差无几，因此产品完全依靠“纯自然”走货，零售终端远远没有活动起来。

通过对企业营销部门的深入了解发现,尽管产品销售投入了较多的销售人员,但对零售终端的维护不力。销售人员的任务划分以零售终端类型分配,如超级卖场分给一个人、商场分给一个人、专柜分给一个人等。但超级卖场往往分散于不同的地区,这样划分导致销售人员把大量时间浪费在路途中,从而造成时间和精力的浪费,销售人员难以完成任务,零售终端的维护工作更是浮于表面。

通过以上调研分析可以发现,该产品营销活动的主要问题在于:没有做好产品在零售终端的推广,没有做好产品的展示、摆放、推荐等细节工作。因此,尽管消费者看到了广告,但却看不到产品。厂家针对产品的特点向消费者宣传得太少,消费者在购买现场没有感受到企业的诚意和产品的热卖气氛。

## 第二节　策划工作的原则与方法

### 一、营销策划的原则

#### (一)营销策划的主要原则

成功的营销策划并不是靠人“拍脑袋”想出来的,也不是偶然的巧合,而是企业经营和市场客观规律的体现,是在现代科学原理指导下的产物。成功的营销策划必须坚持五大原则。

1. 营销策划必须以全面信息为依据

要求以科学技术为手段,通过建立广泛的信息网络,尽可能全面地收集与决策和营销策划有关的各种资料,运用各种学科的原理与方法,提高决策与营销策划的效率和准确性,减少其盲目性和风险度。

2. 营销策划必须坚持创新性

要从消费者出发,抓住消费者的需求,用人们熟悉的事物使消费者明确意识到自身存在的某种需求,并由此产生购买欲望。这就要求企业摆脱思维定式，以创新方法和手段与消费者进行交流，激发消费者情感，不断提高营销策划的技巧与文化品位。

创新是营销策划的必要因素，创新的过程实际上也是一个信息收集、整理的过程。要对从中所获得的灵感启示进行加工组合，从中获得所需的资源，充分发挥想象力，利用一切可利用的资源，对营销策划过程中遇到的问题加以解决。消费者的多层次性及其需求的多样化为创新提供了广阔空间，创新在某种意义上已经成为企业决胜未来的秘密武器。如果营销活动的形式没有创新，仅简单地依靠特价或买赠来实现，这样的营销活动不可能取得良好的效果。

3. 营销策划必须实施差异化策略

每个消费者都是不同的个体，他们在消费时存在着个性化差异。差异化营销策划不但可以避开同质化的竞争，还可以为企业赢得超额利润，企业管理者应该着重关注。企业需要以消费者为向导，从消费者的角度去寻找消费者对产品或服务的需求。

在各个商家促销手段日益同质化的今天，营销策划面临的一个最大的风险就是竞争对手的模仿，有实力的竞争对手很容易通过逼真的模仿，减少经营方式之间的差异，削弱被模仿企业的竞争优势。为了保持竞争优势的持久性，企业必须要坚持不断创新，推出更多更新的差异化产品与服务，促销方案的设计、广告的发布等均要考虑到差异化。

4. 营销策划必须以专家咨询为骨干

要求尽可能地利用各方面的专家参与营销策划，或者委托专业咨询机构进行营销策划，从而使经营者能集思广益，对各种不同的营销策划方案进行评估和选择，以保证营销策划质量的最优化。

5. 营销策划要将满足消费者需求放在首位

消费者是否愿意走进卖场，就要看卖场是否能够及时满足消费者的各种需求。消费者的需求主要有五个方面。

(1)品牌推广和活动宣传。品牌能够给消费者带来安全和尊重的需求，促销活动能够给消费者带来自我满足的需求，这些需求的满足是消费者喜欢走进卖场的原因所在。因此,卖场应该开展形式多样的社区宣传和促销活动,不断培养消费者的忠诚度。

(2)卖场布局和环境卫生。合理的卖场布局和温馨、舒适的购物环境,能够给消费者带来安全和尊重的需求,这些需求的满足是促使消费者在卖场停留的重要因素。消费者停留的时间越长,带来的销售机会就越多。因此,卖场应该进行合理的品类布局和环境布置,给消费者带来全新的视觉、听觉和触觉感受。

(3)人员服务和专业水平。优质的服务态度和专业的销售水平,能够给消费者带来安全、社交、尊重的需求,这些需求的满足是促使消费者购买更多商品的激励因素。因此,卖场必须严格执行消费者服务标准,对企业员工进行专业知识培训,通过服务提升消费者的信赖度。

(4)商品功效和价格。"品种齐全、价廉物美"的商品,能够给消费者带来生理和安全的需求,这些需求的满足是促使消费者购买商品的决定性因素和购买更多商品的激励因素。因此,卖场应该不断优化品种结构,保证价格优势。

(5)售后服务。周到的售后服务,能够给消费者带来尊重和安全的需求,这些需求的满足是促使消费者继续购买商品的保障因素。卖场可以针对一些商品开展售后服务。

由于消费者的欲望总是无止境的,且都有"越不容易得到的东西越想得到"的心理,因此营销活动要遵循"少量多次"的原则,每次力度不宜过大(减少其期望,避免对平常销售的影响),产品范围不宜太多(越难得到的东西,越想得到),人为设定一些活动门槛,让消费者觉得占了便宜。

### (二)营销策划必须重视组织与管理

营销策划是为企业市场营销活动方案进行全面的设计,包括对营销行动步骤进行衔接安排、对营销行动可能出现的结果进行预测与应变的活动,这种活动是企业营销管理全过程的重要组成部分。要使营销策划充分发挥作用,其组织与管理是不容忽视的重要问题,尤其应注意坚持三大原则。

1. 营销活动必须具备确定的目标

如果企业不确立具体的营销活动目标,完全顺其自然,就会导致营销活动进程的失控,参与者随心所欲、费用超支、企业形象受损,不可能获得令人满意的营销业绩。营销策划如果不关注目标和绩效,只是为了策划而策划,是极不负责任的行为。有了目标,营销活动的展开才能有章可循,完成的结果也才能有所比较。

2. 营销活动必须具备相对精确的效果预估标准

营销活动在策划阶段就必须选择若干可以量化的效果衡量指标,最直观和明显的,如销售额增长比率、客流增长量,以及随机抽样的活动效果满意和知会比率等。通过对这些指标的衡量与判断,活动的质量和效果便可以显现出来;通过营销策划与实施结果的比较,找出问题改善点,可以在今后的营销策划中吸取教训。同时,对活动的综合评价也可以作为有效实施奖惩的依据。

3. 营销活动要将品牌推广和商品促销有机结合起来

营销策划方案中常见的问题是,要么过于关注品牌推广活动及实施效果,要么仅做商品促销。事实上,只有将卖场品牌和商品品牌有效地结合,以相辅相成的形式进行推广和宣传,才能达到最佳的营销效果,舍弃或忽略任何一个方面,都会使营销活动的实施效果大打折扣,同时无形中浪费了一部分资源。一些企业经常只做形式上的推广活动,如明星表演等,而无实质的商品促销活动。虽然吸引了客流,但销售额却始终无法有效增长;还有一些企业虽然在商品促销方面做了大量扎实的工作,但是由于不能很好地结合卖场品牌进行宣传、有效地吸引消费者,导致商品促销的效果不够理想。

营销策划方案在起草阶段就必须全盘考虑,包括现场活动、商品打折或甩卖,以及媒体宣传策略等。具体实施时,应该以整体形象来面对目标消费者,使其对卖场营销具有全方位的立体感受和认知,以商品促销为基础,以卖场品牌推广为先导,打出一套“组合拳”,这样,营销活动才能收到比较理想的效果。

## 二、营销策划的方法

### （一）营销策划的主要方法

1. 头脑风暴法

头脑风暴法即鼓励策划人员展开无限制的自由联想和讨论，其目的在于产生新观念或激发创新设想。头脑风暴法强调想法的数量而不是质量。可分为直接头脑风暴法（通常简称为头脑风暴法）和质疑头脑风暴法（也称反头脑风暴法）。前者是通过群体决策尽可能激发参与者的创造性，产生尽可能多的设想的方法；后者则是对前者提出的设想、方案逐一质疑，分析其现实可行性的方法。

采用头脑风暴法组织群体决策时，要集中有关专家与策划人员召开专题会议，主持人以明确的方式向所有参与者阐明问题，说明会议的规则，尽力创造融洽轻松的会议气氛。主持人一般不发表明确意见，以免影响会议的自由气氛，参与者可以自由地提出尽可能多的方案。

头脑风暴法的特点有：①鼓励荒谬的和牵强的想法；②避免对他人想法的批评、评价和判断；③鼓励搭乘别人想法的“顺风车”和加以发挥。

创意是指在市场调研前提下，以市场策略为依据，经过独特的心智训练后，有意识地运用新的方法组合旧的要素的过程。创意其实就是在不断寻找各种事物与事物间存在的一般或不一般的关系，然后把这些关系重新组合、搭配，使其产生奇妙、变幻的创意。

创意方法是营销策划的核心和精髓，许多营销策划的成功往往来源于一个个绝妙而又普通的创意。

2. 程序法

程序法就是按照一定的程序进行营销策划，这是市场营销策划以及其他任何营销策划的重要方法。按照程序法的要求，企业在进行市场营销策划时一般经过七个阶段：确定营销策划目的、搜集和分析营销策划信息、创意构思与提炼、制定营销策划方案、方案评估与论证、实施和控制营销策划方案、测评营销策划效果。

3. 模型法

在营销策划中,常用的模型有预测模型、新产品开发模型、定价模型、物流决策模型、广告决策模型、推销员管理模型、销售促进决策模型、促销组合决策模型以及购买者行为研究模型等。营销模型既要考虑到市场上的销售渠道、竞争状况、产品的技术质量等多种因素,也要考虑到企业的财务状况、产品与服务推出时机、社会消费趋势等方面的因素。企业要经常考虑和评估各种市场引力及企业自身因素的变化,不断调整自己的营销方式、方法或策略,以适应不断变化的市场。

4. 案例法

案例法是指把实际工作中出现的问题作为案例,交给受训学员研究分析,培养学员们的分析能力、判断能力、解决问题能力及执行业务能力的培训方法。

在企业不同的发展时期,营销策划工作的重点也不同。市场营销策划方法的具体运用包括四大策略(见表 2 - 1)。

(1)创业期策略。除了要尽快打响品牌知名度以外,关键的问题是要确立企业的核心价值,给消费者提供一个独特的购买理由,并力争通过有效的传播与沟通让消费者知晓。

(2)成长期的策略。提高企业认知度、强化消费者对企业核心价值和个性的理解是营销策划努力的重点。认知不是知名度,而是消费者通过看、听、感觉和思维来认识产品。

(3)成熟期的策略。企业进入成熟期,在市场已经站稳了脚跟,但由于竞争者的大量加入和同质化,竞争变得尤为激烈。因此,企业应该根据成熟期的市场、产品、竞争特点,提高企业的忠诚度,进行适当的销售延伸。防止消费者流失是关键。

(4)衰退期(二次创业期)的策略。随着经营环境的变化和消费者需求的变化,企业经营模式和表现形式也要不断变化发展,以适度顺应消费者求新求变的心理。企业在进入衰退期后,由于内部和外部原因,企业在市场竞争中必然出现知名度、美誉度下降，销量、市场占有率降低等失落的现象。因此，只有不断推出符合时代需求的品牌，企业才有生命力。

表 2－1 营销策划工作重点分布

| 工作重点 | 开业前 | 成长期 | 成熟期 | 衰退期 |
|---|---|---|---|---|
| 知名度 | 重要 | 重要 | 无 | 重要 |
| 美誉度 | 重要 | 重要 | 一般 | 重要 |
| 市场份额 | 一般 | 重要 | 重要 | 重要 |
| 销售推进 | 无 | 重要 | 一般 | 一般 |

### （二）营销策划的基本技巧

1. 先行效应：领行业之先，获取广泛关注与市场空间。

2. 点式效应：以点带面，通过小举措带动整个企业发展。

3. 稀缺效应：利用掌握的稀缺资源，充分争取消费者。

4. 名人效应：利用名人推荐、广告出镜、现场参与等手段赢取关注与参与。

5. 变化性：求新求变，展示新的形象和产品服务。

6. 针对性：针对市场需求及竞争对手，有的放矢。

7. 标新立异：想他人之未想，做他人之未做，抢点引爆消费者的参与热情。

8. 巧借东风：利用宏观或微观机遇，充分展示自身优势，争夺市场。

9. 改变消费者习惯：以有吸引力的概念与行为引导消费者，改变其既有消费习惯。

10. 对不利事件的处理技巧：以重要活动与事件转移外界视线，化被动为有利。

## 案例

# 某商场营销策划分解会

参与者：商场总经理，销售部门、策划部门、各楼层主要成员及后勤部门经理。

议题：

1. 顾客需求

如何达成？如何超越？与何商品服务相对应？如何引导？如何创造人气？

2. 活动主题

根据经营形势决定，现阶段要把低单价商品全部卖完，彻清库存。

陈列架、堆头应陈列什么价位的商品比较好销售。

如何营造主题商品和周围环境氛围，才会有比较好的销量。

3. 活动商品

顾客目前最需要的商品是什么？

顾客潜意识中容易被唤醒而需要的商品是什么？

单价高的商品和单价低的商品如何搭配？

毛利高的商品和毛利低的商品如何搭配？

怎样组织商品才能获得最大的毛利额？

4. 活动文案

生活感，不要晦涩难懂的文字。

亲切感，像是身边的朋友。

知识感，让人信服。

时尚感，新鲜流行的倡导者。

5. 活动氛围

广告单、现场布置、广播、员工胸牌、停车场，同一元素重复利用。

## 复习题

### 一、简述题

1. 简述策划部门的主要职责。

2. 简述策划部门在制定方案时与职能部门的关系。

3. 营销策划必须坚持哪些原则？

### 二、案例分析题

#### 营销策划拯救商场

某家电连锁公司在2009年激烈的家电市场竞争中，通过该商场的一次促销活动，在二级市场中取得了不错的成绩。

该商场于当年4月份进入某市，地处该市的东南城乡交界处，距市中心约为5公里。当地共有大的家电连锁企业3家，均地处该市的中心地带，且在该市经营时间长，在当地有较高的知名度。

家电市场的竞争在国内最为残酷，进入6月份空调销售旺季后，其竞争形势更非白热化可以描述。由于该商场成立时间较短，在和供应商的谈判中并不处于优势地位，不大可能向厂商争取比对手优厚的支持，而且较为偏僻的地理位置难以明确告诉消费者，如没有有效的措施争取顾客，旺季的市场将拱手送给竞争对手。

进入6月中旬后，由于商场某些空调产品型号出现了断货的现象，而竞争对手储备货源充足，在消费人群中散布该商场空调断货的消息，同时还告之消费者，该商场刚刚成立，没有自己的售后服务，在消费者中造成极坏的影响，商场的客流量出现下滑趋势。

针对以上现象，商场决定举行一次大型的服务游行活动，戳穿竞争对手制造的谣言，并直接打击竞争对手。活动的主题为“冰冻××市大行动”，活动内容以制冷产品优惠为主，赠品资源基本以厂家为主，和竞争对手比较起来并没有优势，但有一项活动内容却十分吸引人：空调即买即装，即只要在本商场购买任意一款空调均可在4小时内安装调试完毕，并由商场做出每逾时1小时赔款50元的承诺。

游行的时间定于6月23日周五上午6—8点，路线选择为从商场出发，经该市的中心大道，途经两家主要竞争对手的商场，再经该市另一主干道回程。初步计划该活动的参加人员包括卖场直销员、售后服务人员和各厂家售后服务人员，但在具体联络过程中参加的厂家较少，为充人数卖场经理及行政人员也不得不参加，实际参加人数达到100多人。游行物资准备：彩旗、条幅、DM单页、宣传车辆5辆。

活动过程中要求队伍中的每名成员必须按照规定喊出活动宣传口号。口号内容包括公司服务宗旨、服务理念、此次活动内容等，并安排部分人员沿街散发DM单页。具有戏剧性的是在途经竞争对手商场时，队伍自动停了下来对着该商场大喊口号，直接吸引部分消费者跟着队伍到自己的商场来，致使竞争对手的经营活动陷入混乱。队伍回到商场后，商场门口已经聚集了不少被吸引而来的消费者，在此按计划进行了宣誓活动，将商场的服务理念、服务承诺庄严告知公众。

同时，商场进行了必不可少的布置，包括：①彩虹门、海报、卖场爆炸贴等，营造气氛；②在户外将各品牌空调进行堆码，告知消费者商场货源充足；③送货人员、安装人员在服务台列队，8辆送货车一字排开随时候命。

活动使该市的消费者感受到该商场服务的真诚、便捷，达到了理想的销售目的，当天销售额突破38万元，是平常营业额的3倍。同时考虑到该活动是在周五进行的，为保证周末销售，故在周日安排了一次大规模抽奖活动，礼品为空调、冰箱、洗衣机等，再次将消费者的目光吸引到了商场，持续了活动的效果。

在此次活动的推动下，商场一个星期内空调销售突破120万元，在活动期间不仅没有受到货源不足的影响，而且也将原有库存消化殆尽。

**思考题：**如果竞争对手采取相同手段，应如何应对？

# 本章小结

策划部门的目标是通过创造性的思维对项目进行准确定位、推广，且要用最少的投入为企业创造最大的价值。

研究制定企业营销战略，形成企业营销策划总体方案，对营销活动进行全面策划，主要包括：研究制定企业营销战略与总体方案、对外宣传、营销策划方案的执行、活动进行后的反馈。营销策划人员应具备的三种主要素质是思维能力、专业知识和工作热情。

营销策划是一项系统工程，需要各部门联动，彼此协调与互相支持。策划部门在制定方案时应明确各职能部门的职责和工作接口，协调各职能部门做好规定的工作。在制定好方案的同时，应更加紧密地与兄弟部门合作。

# 第三章

# 营销策划的准备

## 学习目的与要求

掌握市场营销策划各项准备工作的内容与方法,包括市场调研、市场细分、营销战略与营销计划、顾客分析。

## 关键词

市场调研;市场细分;营销战略;顾客

## 课时

建议 18 课时。

## 导入案例

### 乔治·普拉萨:家乐福绝不退出中国市场

1995年就进入中国市场的家乐福,曾经在零售业外资排名中长期占据第一。早在2002年前后,家乐福就开始实现盈利,是当时进入中国市场唯一一家盈利的外资卖场。在行业人士看来,家乐福在进入中国之初,单店管理水平、人才储备都值得同行借鉴,此时的家乐福被称作是中国本土商超的“教父”。之后,试水成功的家乐福开始了在中国其他城市的野蛮生长,短短几年间的扩张和发展,家乐福已在中国市场创造出了销售奇迹。

家乐福自从进入中国后,迎合了中国人情社会传统,实行了“人治”,即“店长负责制”。还首创了大卖场模式:一站式服务、交易便捷、免费停车、价格低廉,甚至能与大量货品面对面。这对当时习惯了隔着柜台买东西的中国消费者而言,是前所未有的购物体验。家乐福的出现大大冲击了本土零售业。在家乐福刚刚打进北京市场的前一两年,许多人宁愿转车多次到家乐福购物,也不愿在家附近的商店买相同的东西。

广受追捧的家乐福很快成为地方政府争相引进的优势项目,许多地方为家乐福开出“超国民待遇”。一些地方政府注重政绩,希望通过引入外资为自己捞取资本,往往会把城市中的黄金路段出让给这些企业,并给予税收等多方面的优惠。在中国,家乐福依靠迎合地方政府屡战屡胜,这也是靠制度营销取胜的根本。对那个时候的家乐福来说,中国本土零售市场的落后和中国市场法制的不完善,成全了家乐福的暴发。

刚开始,采购权和定价权由各分店负责人全权决策、自负盈亏的管理模式发挥了其灵活优势,但过于分散的卖场管理逐渐成为滋生腐败的温床。2010年年底,内外资企业税制全面统一,在中国沿用了20多年的外资企业优惠政策画上句号。2011年,家乐福11家卖场被处以50万元行政罚款,更是宣告了多年的“超国民待遇”和政策红利已经终结。

此外，昔日被追捧的大卖场模式如今已不再具备轰动效应；早期被认为符合中国国情的“店长责任制”开始显现出诸多问题，随着卖场数量增多，家乐福的价签问题、供货商问题不断爆发。

资料来源：http://www.s1979.com 2012-12-29。

# 第一节　市场调研

## 一、市场调研的意义

几乎所有的市场营销策划活动都要进行详细的市场调研，进行商业信息的收集及分析，这是市场营销策划工作的基础和前提。

进行市场调研的主要目的是了解企业所经营产品的潜在市场和销售量、竞争对手和市场的动向，洞悉市场需求，以此为依据制定具体策划方案，做到有的放矢、减少失误，从而将风险降到最低。以凉茶为例，凉茶一直以来为南方人所热衷，这其中有气候、饮食上的差异，更有消费习惯的巨大差异。因此，企业应该将主要的营销力量集中在南方城市，如果进行错误的定位，将力量转移到北方，无论投入多大的人力、财力，都不会取得好的营销效果。

从市场营销的角度来看，市场是由人口、购买力、购买欲望三者有机构成的总和。它包含三个主要构成因素，即有某种需要的人、有满足这种需要的购买能力和购买欲望，用公式来表示就是：

$$市场 = 人口 + 购买力 + 购买欲望$$

市场调研分为事前调查、事中调查和事后调查。其中，事前调查是制定策划方案的基础，可分为宏观环境分析、竞争对手分析、市场分析（商品分析、行情分析）；事中调查是指对策划方案在执行过程中的情况跟踪调查，以便及时调整战术，使方案更好地达到预期效果；事后调查是整体活动结束时的评估，有利于总结经验，发现不足，及时调整并采取补救措施。

**案例**

## 安宁商场经营状况调研报告

**一、选址策略**

存在的问题：在选址问题上，安宁商场的选址不具有集约效应。

安宁商场在选址上符合有利于方便消费者购物和有利于商场开拓发展的原则。肯德基的进驻和高层的快捷酒店是其两大亮点，肯德基得到大学生等年轻人的青睐，给安宁商场注入了活力。在这方面，安宁商场还是有一定的战略眼光的。但安宁商场主打的是服装、服饰和化妆品，都是挑选和选择品，而商场周围没有大型的购物和服装商场，这样，既没有竞争对手，也没有产生商业集约效应，不能满足消费者多方面的需求，也就无法激发消费者购物的欲望和兴致。

**二、目标市场定位**

存在的问题：目标市场的定位不明确，所走的路线也模棱两可。靠近学生需求的品牌价位普遍比商场以外的专卖店的价格高，远远超出了学生的购买能力，无形中造成了许多潜在客户的流失。相反，有购买能力、较注重消费品位和地位的中高端消费者也没有在商场购物的欲望，这种目标市场的不明确性造成商场内消费者稀少的局面。

解决方案：重新明确目标市场定位选择。目标市场的选择一直是企业需要考虑的首要因素，直接决定一个企业的经营方向和成败与否。商场位于大学城科教区，主要的消费群体是大学生，所以商场的主要目标市场应该定位为大学生，同时也应考虑到周边小区居民的逐渐入住和上流人士向科教区聚集的倾向，以及市、区政府的搬迁规划，在目标市场定位方面适时有所调整。

**三、商品入住策略**

存在的问题：招商品牌入驻标准不明确，造成品牌混杂，像个百货铺。

既有世界一流品牌，也有土生土长的小服装品牌，影响了商场整体形象。

解决方案：在目标市场定位的基础上，重塑商家品牌入驻门槛和标准，间接完善商品的品种、样式。坚决执行商家入驻门槛和标准，如不允许非国家驰名商标或免检产品的品牌入驻等。同时男士的服装品牌不完善，应引入较受消费者青睐的男士西装品牌。

**四、内部功能分区**

存在的问题：内部商品摆设设置不合适，没有严格的消费人群定位分区，消费者有时按照指示牌都找不到自己要买的东西；各楼层之间的具体分区方案也不合理。一楼是化妆品、鞋和金银饰品；二楼是女装；三楼是运动装、男装；四楼是除三个楼层以外的其他消费品。现状是一楼化妆品和金银首饰经营清淡，几乎没有多少消费者，同时二楼是鞋的卖场，而一楼又突然冒出几家鞋铺，消费者有时都不知道应该到哪里买自己需要的东西。以上因素都会导致消费者内心的不舒服，无形中造成消费者的流失。

解决方案：重新调整楼层间的消费者定位分区，同时各个楼层之间也要设有严格的分区，且应该有很好的区分性。

1. 一楼主要是面向大学生的精品店，如玉制品店、水晶店、奇石店、毛绒娃娃店，在既上档次和满足消费者需求的同时，还在很大程度上增加了人流量，让整个商场活跃起来。同时在两个入口处可以相应设置几个茶品及高档烟酒柜台。

2. 二楼是主要针对大学生消费群体的分区，也是主打区和特色区。把大学生类的服装、服饰、鞋统一放在二楼，但要把男生区和女生区明显分开。四周统一放置鞋类，运动鞋、皮鞋、女式鞋等要有明显区分，同时把主打学生类体育店的运动鞋放在大学生服装附近。高档皮鞋、女式鞋可在离学生装分区相对较远的四周设店。

3. 三楼主要是男士和女士专区(25 岁以上群体)，是一个较为高端的分区。同样在这里，男士和女士在服装的搭配上可以瞬间做一个比较和参考。四周围绕女性化妆品和金银首饰类，这两个类型的分区既要有群集效应，同时也要有明显的分区。

4. 四楼已成餐饮和娱乐区，暂不多做分析。

**五、价格策略**

存在的问题：价格定位普遍太高，没有紧紧抓住大学生这一主要消费群体和大学生以外的中、高端消费者的心理特点及价格期望值。

解决方案：目标市场的定位主要为大学生，就应该把价位尽量定在大部分学生具有的消费能力以内。可以参考沃尔沃、国美等大型超市的盈利法则，最大限度地让利于消费者，可以普遍降价10% ~30%。对于大学生以外的中、高端消费者，则可基于品牌，再拉高 1% ~10% 的价格，在体现其高端的同时也满足其价格消费期望。

**六、促销策略**

存在的问题：促销活动不积极，没有适应学生的消费特点。

解决方案：平时针对大学生可以打 8 ~9.5 的折扣，在大型节日期间可以进行团购、搭购有更大优惠的活动；制定消费额度优惠政策；借助安宁区为科教区，大学生聚集、相互探望的有利契机，在节假日举办大型促销活动，定能起到很好的销售效果。同时，对于消费 300 元、500 元、1000 元及以上的消费者，可以进入商场 VIP 名单，除了有一定消费优惠外（如购物、肯德基就餐、看电影、去 KTV、住宿等），在私人节日里还会赠送礼品。但一定要对消费者的信息保密，这一点也有利于树立商场的形象。

**七、宣传策略**

存在的问题：安宁商场至今没有做过大型的宣传及公关活动，没有知名度。

解决方案：①举行公关活动，举办或赞助大型活动（以及赞助学生团学活动），提高安宁商场的知名度。②打造“大学生的安宁”形象，充分利用大学生进行宣传，借助所在大学城学生聚集、相互探望的有利契机，在节假日举办大型促销活动，定能起到很好的销售和宣传效果。

## 二、市场调研的内容

### （一）市场调研的主要因素

1. 调研目的和要求

明确市场调研的目标，列出组织这次市场调研的具体要求。例如，此次市场调研的目的是了解某产品的消费者购买行为和消费偏好，等等。

2. 界定调研对象

市场调研的目的不同，调研的对象也不同。调研对象为消费者、零售商和批发商，要根据调研目的来确定调研对象。

3. 调研内容

调研目的是为调研内容服务的，为得出调研结论，要通过制定市场调研方案，明确调研的各项具体内容。

4. 确定调研形式

调研形式包括电话调研、观察调研、谈话调研、问卷调研等，调研形式的采用需要结合具体调研项目来决定。调研形式没有好坏之分，只有适合与否。

5. 确定调研方法

确定调研方法是普查，还是抽样分析。

6. 调研的进度与预算

要根据调研的难度，确定具体的营销策划调研进度，同时要根据经验预测各项费用，并以此为依据制定市场调研的预算方案。

## （二）卖场市场调研的主要内容

1. 宏观环境分析

宏观环境分析包括潜在目标市场的规模估计、潜在市场的实际购买率、未来增长率(3~5年)的预测、市场发展状况分析、零售市场细分、竞争分析等。

2. 营销机会分析

营销机会分析包括目标市场如何做出购买、谁购买、什么因素会影响购买；卖场的机会与潜在的威胁；消费者如何看待卖场与竞争对手。

3. 竞争环境分析

竞争环境分析包括谁是卖场的竞争对手，竞争对手的经营状况，竞争对手的经营策略，竞争对手的市场定位，竞争对手的营销策略，竞争对手的经营状况，竞争对手的优势、劣势，竞争对手的产品或服务的价格，竞争对手提供的商品或服务的质量，竞争对手如何推销商品或服务，竞争对手提供什么样的额外服务，竞争对手的员工培训状况、待遇，竞争对手是否做广告和促销，竞争对手怎样销售产品或服务，与竞争对手相比卖场的优势、劣势在何处。

4. 企业自身分析

企业自身分析包括卖场战略定位；卖场经营定位，如产品组合、服务政策、价格政策、促销政策等；卖场经营目标，如销售目标及构成、利润目标及构成、周转目标及分布等；卖场运营规划，如组织架构、人员编制、设备需求等；资金投入规划，如固定资产、管理成本、销售成本、流动资金等；竞争防范规划，如价格竞争、政策竞争、人才竞争、技术竞争等；现金流动状况；投资收益状况；产品、销售、价格、利润、促销、陈列、库存、周转信息；运营成本构成信息；生产商、供应商信息；品牌的产品种类、销售量、市场份额、价格信息。

5. 企业产品分析

企业产品分析包括产品定位品牌分析和竞争分析；谁使用该产品、为什么他们使用该产品、如何使用该产品；检查并反馈各类商品营销情况，如销售、产品结构、库存结构、员工状况等；商品的品质检查，如合格证、许可证等相关手续；产品组合政策；产品价格政策；产品周转政策；产品陈列政策；商品价格确认；非名牌商品相同款式的对比分析，如商品的面料与价格的比较。

6. 客户分析

客户分析包括谁是卖场的客户、客户信息、客户购物习惯、购物行为与品牌嗜好；购物场所选择模式；客户满意度、客户忠诚度；客户如何购买商品、客户喜欢什么商品、客户能接受什么价格；客户对卖场的商品、服务是否满意；客户对卖场如何评价；如何吸引更多的消费者光顾卖场；如何提高客户对卖场的满意程度。

案例

## 阳光百货8月份金利来男装市场调查表

调查卖场:阳光百货　　　　时间:2010/7/18

| 调查内容 | 本店情况 | 调查店情况 |
| --- | --- | --- |
| 供应商性质 | 省级代理 | 市级代理 |
| 合作方式 | 联营 | 自营 |
| 价格是否一致 | 标价一致 | 标价一致 |
| 库存是否合理 | 断码 | 断码 |
| 促销活动内容有何不同 | 全场夏装7折 | 全场夏装6折、部分断码特价 |
| 卖场布置用商品陈列有何区别 | 专柜大,陈列美观 | 面积小,商品拥挤 |
| 服务工作如何 | 很好 | 一般 |

## 三、市场调研的方法

市场调研方法包括定性方法与定量方法。定性方法包括座谈会、深入访问、观察、陪同购物等;定量方法包括电话访问、当面访谈(中途拦截/家访)、网上调研、邮寄问卷等(见图3-1)。

### (一)问卷法

问卷法是用问卷形式将希望了解的信息格式化,雇用专门的访问员,通过家访、街访的形式引导访问对象填写问卷,然后对问卷进行汇总、整理、分析研究以了解市场信息的方法。零售市场经营调查、消费者调查、竞争对手调查多采用这种方式。

调查问卷是市场调查的基本工具,其设计直接影响到市场调查结果的质量。问卷的设计要突出重点,与调查主题密切相关,舍弃那些可有可无的问题,尽量要简洁准确,使用简单、直接、常用的词汇,以保证被调查者能看懂或听明白,能够在较短时间内完成调查问卷的填写。

研究的取样问题,即"问谁"的问题,也就是以什么人为样本。很明显,这是不论利用哪种方法都需首先解决的问题。消费者的职业、性别、年龄、所在地区、民族等不同，其意见很可能不一样。因此，需要根据各类消费者占总人口的比例，或根据产品销售对象的特殊性来进行科学取样。取样的方法主要有随机取样和分层取样两种。

问卷法可通过走访、电话和邮寄等形式进行。一般来说，邮寄问卷的调查方式回答者比率最低。在这类调查中，调查单位、信件的形式、邮件的种类、使用的信纸、问卷的长短、回答的难易程度、问卷设计是否有趣以及问卷写作的文体等因素，明显地影响回答者的比率。在走访或电话调查时，由于增加了调查者和被调查者之间的接触，应答率相对要高一些。

问卷法的结果分析很重要，由于调查者缺乏训练或者考虑不全面，对各种消费者调查结果分析不当，有可能导致错误的结论。为了防止这类错误，就要懂得如何评价和分析消费者的意见调查。在分析时，要考虑调查对象的个性、代表性、调查方法、范围、分析者等因素。

### （二）观察法

观察法是通过对消费者观察记录的分析，研究消费者的结构，了解消费者的一般心理规律的调研方法，其可以为卖场制定营销策略、改进经营提供直接依据。如男性和女性所占的比例，成人和儿童所占的比例等；研究几个消费者在一起时，是谁影响购买，谁决定购买，以及消费者在购买前对商品包装、商标、价格的注意程度等。观察法一般在研究广告、商标、包装、橱窗和柜台设计的效果、商品价格对购买的影响、新产品的扩张和商店的营销状况等方面加以运用。

1966 年美国的威尔斯和洛斯克鲁在超级市场进行的消费者心理研究，就是运用观察法的典型实例。他们在超级市场的谷物食品、糖果、洗衣粉等柜台前进行了 600 小时的观察，从消费者进入这些柜台的过道开始，直到离开过道为止，观察消费者的各种活动，做了 1500 条记录。

观察法在市场调研中被广泛应用。在国外一些超级市场里，设有专门用来观察消费者购买过程的摄像机，调研人员定期观看消费者购买商品的拍摄记录，以此来分析消费者的需要和潜在需要。广告公司为了调查家庭收看电视节目的情况，常在许多家庭的配合下，在电视机上装测听器，记录这个家庭每天收看电视的起讫时间，及收看哪个电视台的节目等，然后按期进行整理分析。这样不仅可以了解一个家庭收看得最多的电视台节目，还可以了解各个家庭每天收看电视节目的具体时间，为广告投放提供依据。

### （三）访谈法

访谈法是访谈者与受访者面对面有目的地交谈，通过口头信息的传达了解受访者对所调查内容的态度倾向、心理反应的一种调研方法。

访谈法的优点很多。由于是面对面的调查和直接交谈，访谈者可以从受访者对商品的各种心理反应与心理要求及各种心理现象的产生、发展和变化的情况中获取第一手资料，不存在回收率高低的问题。访谈者可以马上看到或听到受访者的反应和意见，反馈迅速，这是其他方法所不及的；访问者可以根据访问情况改变提问或停止访问，灵活性比较强；如果同时与几个人访谈，成员间的相互影响可以扩展交流信息的范围，容易避免夸张的、虚假的或不负责任的反应。当然，受访者也有可能只谈表面情况，不愿发表自己真实看法。

运用访谈法时要遵循以下要点：①目标要明确；②方式要讲究；③尽量取得受访者的信任；④尽量做到言简意赅，费时少而效果好。

### （四）实验室实验法

实验室实验法是在实验室里借助各种特设的心理分析仪器进行研究的方法。它可以严密分析商品营销活动中消费者的某些心理状况，得出的结果一般较为准确，如广告心理效果的测定等。但实验室实验只能研究简单的心理现象，不适用于复杂多样的个性心理特征。所以，结合商业服务实际来看，这种实验法应用范围太小。

### （五）自然实验法

自然实验法是在为消费者服务的过程中，有目的地创造某些条件或变更某些条件，给消费者心理以一定的刺激或诱导，从而观察消费者心理活动的研究方法。自然实验法具有主动性，能按照一定的研究目的获得比较准确的资料，因而在市场营销活动中有着广泛的应用范围，是较为实用的一种调研方法。

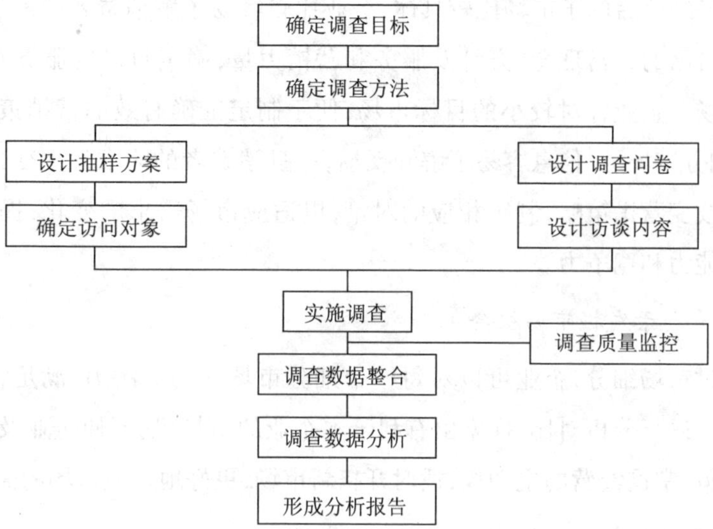


**图3-1　市场调查流程**

# 第二节　市场细分与定位

## 一、市场细分

市场细分就是企业在市场调研的基础上,依据消费者需求因素的明显差异,把某一产品或服务的整体市场划分为若干个消费群,并分别制定营销策略的过程。

对卖场而言,市场细分不是根据产品品种、产品系列来进行划分,而是从消费者的角度,根据消费者的需求、动机、购买行为的多元性和差异性来划分的。

### (一)市场细分的作用

市场细分对企业的生产、营销起着极其重要的作用。

1. 有利于选择目标市场和制定市场营销策略

市场细分后的子市场比较具体，企业比较容易了解消费者的需求，其可以根据自己的经营理念、方针及服务和营销力量，确定自己的服务对象，即目标市场。企业针对较小的目标市场，便于制定准确有效的营销策略。同时，在细分市场上，信息容易了解和反馈，一旦消费者的需求发生变化，企业可迅速改变营销策略，制定相应的对策，以适应市场需求的变化，提高企业的应变能力和竞争力。

2. 有利于发掘市场机会

通过市场细分，企业可以对每一个细分市场的购买潜力、满足程度、竞争情况等进行分析对比，探索出有利于本企业的市场机会，使企业及时做出经营决策，掌握经营的主动权，适时开拓新市场，更好地适应市场的需要。

3. 有利于集中人力、物力投入目标市场

任何一个企业的人力、物力、资金和其他资源都是有限的。通过市场细分，企业可以选择适合自己的目标市场，集中人力、财力、物力及其他资源去争取局部市场上的优势，达到占领自己的目标市场的目的。

4. 有利于企业提高经济效益

通过市场细分，企业可以面对自己的目标市场生产、经营适销对路的产品，既能满足市场需要，又可增加企业的收入；产品适销对路可以加速商品流转，降低企业的经营成本，全面提高企业的经济效益。

### （二）市场细分的标准

1. 地理因素：消费者居住的地理位置。
2. 人文因素：家庭人口、年龄、家庭收入、职业、教育、社会阶层。
3. 心理因素：传统型、新潮型、节俭型、奢侈型、朴素型、豪华型。
4. 行为因素：购物时间、购买频率、使用频率、忠诚度。

### （三）市场细分标准的有效条件

(1)可衡量性。通过市场细分，划分出同一市场内的消费者需求具有大致相同的特征，并反映出这一市场同其他细分市场的明显差异，从而加以区别和界定，容易识别和测量。

(2)可进入性。通过市场细分，企业可以选择某一子市场作为自己能够有效进入并为之服务的市场。

(3)可盈利性。进行市场细分后，企业选择的细分市场规模足以使其有利可图，并具有相当的发展潜力。

(4)相对稳定性。在企业进入并占领某一细分市场后的相当一段时期内，市场消费需求、购买趋向和销售容量不会发生大的动荡，因而企业可以制定较长期的、连续的营销策略，避免因市场变幻不定而带来较高的收益风险。

### （四）市场细分的程序

(1)选定产品市场范围。即确定进入什么行业，经营什么产品。产品市场范围应以顾客的需求而不是产品本身特性来确定。例如，某一连锁商场集团打算在某大城市郊区开发新店，若只考虑产品特征，该集团可能认为未来消费对象是低收入顾客，但从市场需求角度看，高收入者也可能是新卖场的潜在顾客。因为高收入者可能在厌烦了市区的喧闹后向往郊区的清静，从而可能成为商场的顾客。

(2)列举潜在顾客的基本需求。比如可以通过调查，了解潜在顾客对购物的基本需求。这些需求可能包括价位适中、造型时尚、性能稳定、质量过硬、服务完善，等等。

(3)了解不同潜在顾客的不同要求。对于列举的基本需求，不同顾客强调的侧重点可能会存在差异。比如，产品价位、造型、质量是所有顾客共同强调的，但有的顾客可能特别重视售后服务的完善便利，另外一类顾客则对购物环境、卖场内部装修等有很高的要求。通过这种差异比较，可初步识别出不同的顾客群体。

(4)去同求异。剔除潜在顾客的共同需求，而以特殊需求作为细分标准。共同需求固然重要，但不能作为市场细分的基础。如符合质量标准、使用安全是所有顾客的需求，但不能作为细分市场的标准，因而应该剔除。

(5)根据潜在顾客基本需求的差异，将其划分为不同的群体或子市场，并赋予每一子市场一定的名称，从名称上可以联想到该市场的消费特征。例如，商场可以把顾客分为冲动购买者、时尚追求者、稳定需求者、特定需求者等多个子市场，并据此采用不同的营销策略。

(6)进一步分析每一细分市场的需求与购买行为特点，并分析其原因，以便在此基础上决定是否可以对这些细分市场进行合并，或做进一步细分。

(7)估计每一细分市场的规模与性质。在调查的基础上，估计每一细分市场的顾客数量、购买频率、平均每次的购买数量等，并对细分市场上产品竞争状况及发展趋势做出分析。

### (五)市场细分的方法

1. 单一因素细分法

此法是指从影响消费者需求的多种因素中，选择出一种主要的因素，并以此为标准进行市场细分。如服装企业按年龄细分市场，可分为童装、少年装、青年装、中年装、中老年装、老年装；或按季节的不同可分为春装、夏装、秋装、冬装。

2. 双因素细分法

此法根据影响消费者需求的两种或两种以上的因素进行市场细分。如锅炉生产厂主要根据企业规模的大小、用户的地理位置、产品的最终用途及潜在市场规模来细分市场。

3. 多因素细分法

此法根据企业经营的特点并按照影响消费者需求的诸因素，由粗到细地进行市场细分，将整体市场分为几个层次，并确定每个层次的样本市场，最终层次的样本市场就是企业将全力投入的目标市场。这种方法可使目标市场更加明确而具体，有利于企业更好地制定相应的市场营销策略。如自行车产品可按消费者所处地理位置(城市、郊区、农村、山区)、性别(男、女)、年龄(儿童、青年、中年、中老年)、收入(高、中、低)、职业(工人、农民、学生、职员)、购买动机(求新、求美、求价廉物美、求坚实耐用)等变量因素细分市场(见图3-2)。

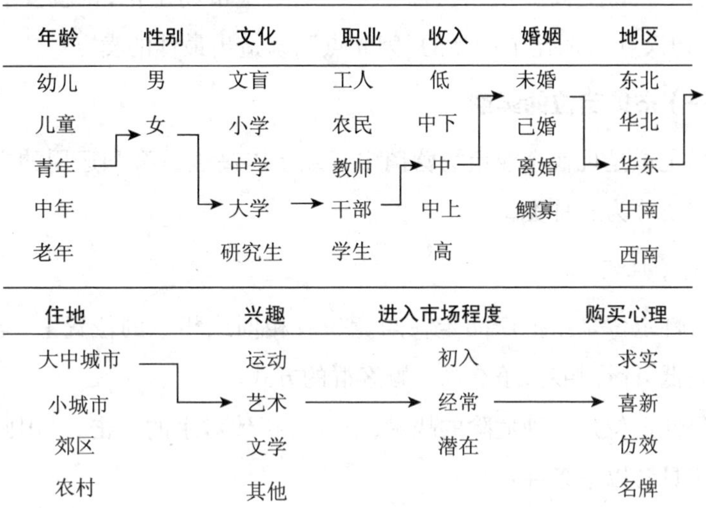


**图 3－2　多因素细分法示例**

## 二、市场定位

市场定位是指企业为适应目标顾客的特定需求，设计和树立企业及所经营产品在目标市场上的特有形象。企业在市场细分之后，可以根据每个细分市场的吸引力程度，进入一个或多个细分市场，并确定自身在细分市场中的定位。

市场定位首先需要营销部门对市场结构进行分析，充分认识消费者的消费行为并对市场营销环境进行研究；还需要对企业自身能力、市场竞争地位、企业优势与弱点等进行全面、客观的评价；还要检查细分市场与企业的宗旨、目标与任务的一致性。

当前，卖场面临的是竞争激烈的买方市场，有利可图的营销机会并不多。卖场必须对市场结构、消费者、竞争者进行调查研究，通过发现消费者现实的和潜在的需求，寻找各种市场机会，识别、评价和选择细分市场，确定本企业最适当的细分市场。

卖场发展的成败，关键在于能否在自己擅长的领域做得更好，在自己的目标市场上获得更高的市场份额。一旦确定了市场定位,也就找准了企业竞争的"切入点",抓住了产品的"闪光点",营造出最佳的卖点。

### (一)市场定位的类型

市场定位是现代企业市场营销中必须予以高度重视和运用的方法。市场定位主要分为三种类型。

1. 竞争性定位

竞争性定位是指把产品定在与竞争者相同或相似的位置上,与竞争对手一比高低,针锋相对,争夺同一顾客群的方式。

竞争性定位是一种危险的战术,很容易招致对手的反击,采用此定位战略一般应具备以下条件:

(1)有较强的实力,可以与竞争对手进行较量;

(2)必须有迅速攻击的能力;

(3)必须以大面积市场范围为目标,市场太小,得不偿失。

选择竞争性定位的时机包括以下两种情况:

(1)消费者购买力发生了突然增长,需求总量明显增加;

(2)供给方面出现了结构调整,或是有可能推出新型产品。

2. 避实就虚定位

避实就虚定位是指避开强有力的竞争对手,避免与竞争对手发生正面冲突,寻找目标市场其他的顾客群,实施独有特色的定位战略。一般适用于以下条件:

(1)竞争格局比较稳定,即产品比较成熟,技术更新较慢;

(2)市场中强者实力大,地位不可动摇;

(3)为后来者或实力不强的企业,没有向强者挑战的可能。

避实就虚定位可能面临两种情况:

(1)这部分潜在市场营销机会没有被其他企业发现,企业如果定位于这一市场,不需花很大的努力,就能取得较大的成功;

(2)许多企业发现了这部分潜在市场,但无力占领,此时,如果定位于这一市场,就需要该企业有足够的实力才能取得成功。

3. 再定位

再定位是指对销路差、形象不佳的产品进行二次定位。这种定位旨在摆脱困境,重新获得增长。若出现以下几种情况,企业必须进行重新定位:

(1)初次定位失误,新产品市场反应冷淡,销售效果不尽如人意,需要重新审视定位策略,进行产品的再定位。

(2)原产品定位是正确的,但竞争者推出一种新的品牌,并把它定位于本企业附近,侵占了本企业产品的大部分市场,威胁到企业目标市场的发展。

(3)由于目标市场需求萎缩或消费者偏好发生变化,原来的定位已没有吸引力。

(4)企业自身发生了变化,如营销目标改变或需要扩大市场范围,或者是企业掌握了一种新的生产技术,或者是生产成本大幅下降等,定位就需随之改变。

再定位必须考虑两个因素:

(1)转移定位的费用。包括产品品质、用途的改造费用及包装费和广告费等,重新定位离原来位置越远,所需费用越高;

(2)转移定位的收益。通过对所定位市场的顾客人数、购买水平、销售价格、竞争者数量和实力等方面进行综合分析评价,只有重新定位获得的收益大于耗费的投资时才能获得成功。

**(二)市场定位的程序**

1. 明确潜在的竞争优势

(1)明确目前目标市场上存在着哪些竞争者?

(2)目标市场上是否有足够数量的顾客,哪些需要还没有满足?

(3)本企业在目标市场上可能形成哪些竞争优势?

2. 选择相对的竞争优势

3. 展示独特的竞争优势

(1)树立与市场定位一致的企业形象和产品形象;

(2)巩固与市场定位一致的形象;

(3)矫正与市场定位不一致的形象。

案例

## 卖场定位案例

A企业欲在某城市的开发区开设一间大卖场,开发区的基本市场情况如下:

家庭总数54000户,平均每户人口3.5人。

平均月收入3800元,平均日用消费品支出为1667元/月。

月收入2000元以下家庭占15%,月收入2000~3000元家庭占30%,月收入3000~5000元家庭占40%,月收入在5000元以上家庭占15%。

日用消费品支出分别为食品55%、非食品45%。

开发区目前没有大卖场,只有接近200间以上、面积100平方米以下的小型杂货店、3间400平方米左右的中型杂货店以及1000平方米左右的超市。

杂货店的价格水平极为接近,毛利率一般为20%~30%,但假货较多,同时质量较差;超市商品价格稍高,同时商品品类较少。目前消费者普遍要花20分钟以上到市区的卖场购物。

开发区消费者平均每月到中型杂货店、超市购买日用品的次数为4~6次,平均购物金额为60~70元;到城区购物的次数为1.5次,平均购物金额为140元;到小型杂货店购物的次数为3次,平均购物金额为25元。

中高收入的消费者希望购买到有质量保障的合资、中高档国产或进口品牌产品;低收入消费者希望购买低档国产产品,不介意产品质量,对价格非常敏感。

根据上述基本状况,可以按城区、收入水平、购物金额分层:

| 单次消费 | 20元/次以下 | 20~100元/次 | 100元/次以上 |
|---|---|---|---|
| 低收入层<br>3000元/月以下 | | | |

续表

| 单次消费 | 20元/次以下 | 20~100元/次 | 100元/次以上 |
|---|---|---|---|
| 中收入层<br>3000~5000元/月 | | | 目标市场：覆盖60%的家庭，日用消费品支出每月在9000万元以上 |
| 高收入层<br>5000元/月以上 | | | |

卖场选址定位：

只有一个可选地点——开发区商业中心，营业面积5000平方米。

开发区商业中心人流量3000人次，客流有效率保守估计为20%。

平均购物金额目前为60元/次(1000平方米的超市)，估计日营业额在3万元以上。

超市规模定位：

(1)5000平方米的大卖场。

(2)平均销售效率在60元左右。

(3)总体市场规模为每月9000万元，即每日300万元的营业额，占有5%的市场即可达到每日15万元的营业额。

卖场形象定位：物超所值的现代化购物享受。

卖场服务对象定位：中低至高收入消费者，其生活节奏较快，每次购物较多的家庭。

卖场服务档次定位：

(1)本区一流的购物环境；

(2)现代化的自助购物方式；

(3)快速的收银；

(4)购物车及免费包装袋；

(5)大宗购物免费送货——鼓励大金额购买；

(6)每月一次产品介绍资料。

卖场价格档次定位：本区最低价，所有产品的售价均与竞争对手持平或略低，毛利控制在20%以下。

大卖场产品档次定位：国产中高档、合资及进口品牌产品，绝对保证产品质量。

卖场战略目标定位：

(1)短期目标：建立现代化大卖场形象，取得5%的市场份额；

(2)中期目标：完善管理体系，培养管理人才，开设2～3家连锁店，取得20%的市场份额；

(3)长期目标：建立大卖场连锁店，控制15%的零售消费市场。

## 三、目标市场的特征

目标市场即企业选择进入的一个或多个细分市场。对于市场细分中确认的那些最好的市场机会，企业应根据市场调研情况对其进行排序，然后由此出发，确定目标市场，熟悉所进入市场的类型，设立经营目标和完成时间表，据此制定不同的营销模式和开发计划。

### （一）目标市场的种类

根据目标市场的特点可将其分成四类：①基础市场。具有很好的市场基础和消费群基础，企业的品牌、渠道、终端营销实力明显强于竞争对手。一般来说，市场占有率在35%以上。②战略市场。具有较好的市场基础和消费群基础，市场容量大，有较强的发展空间，对企业发展具有战略意义的市场。③发展市场。具有一定好的市场基础和消费群基础，市场容量大，有较强的发展空间，企业在某一方面或几方面具有优势。④渗透市场。市场基础和消费群基础较差，企业综合实力与竞争对手比较明显处于劣势，借助自然销售进行渗透。

### （二）目标市场的选择标准

1. 有一定的规模和发展潜力

企业进入某一市场是期望能够有利可图，如果市场规模狭小或者趋于萎缩状态，企业进入后难以获得发展，此时，应审慎考虑，不宜轻易进入。当然，企业也不宜以市场吸引力作为唯一取舍的标准，特别要力求避免与竞争企业遵循同一思维，将规模最大、吸引力最大的市场作为目标市场，否则不仅容易造成过度竞争和社会资源的无端浪费，而且使消费者一些本应得到满足的需求遭受冷落和忽视。很多企业动辄将城市尤其是大中城市闹市区作为其首选市场，而对郊区、小城镇和农村市场不屑一顾，这样很可能就步入误区。

2. 未被竞争对手控制或未有强大的竞争对手

细分市场可能具备理想的规模和发展特征，然而从盈利的角度来看，它未必有吸引力。如果某个细分市场已经有了众多的、强大的或者竞争意识强烈的竞争者，那么该细分市场就会失去吸引力。如果该细分市场处于稳定或者衰退状态，经营成本过高，撤出市场的壁垒过高，竞争者投资很大，那么情况就会更糟。这些情况常常会导致价格战、广告战，如新产品推出，企业要参与竞争就必须付出高昂的代价。

3. 符合企业目标和能力

一方面，某些细分市场虽然有较大吸引力，但不能推动企业实现发展目标，甚至分散企业的精力，使之无法完成其主要目标，这样的市场应考虑放弃。另一方面，还应考虑企业的资源条件是否适合在某一细分市场经营，企业自身是否有足够的营销能力。只有选择那些企业有条件进入、能充分发挥其资源优势的市场作为目标市场，企业才会立于不败之地。

案例

## A 商场的社区营销

百货商场一直是打开大门做生意，坐等顾客上门，但如今卖场竞争激烈，同质化现象严重，品牌、商品和价格几乎如出一辙，千店一面，所以消费者对商场具有诸多选择。与其让消费者挑剔、选择到哪家商场，还不如主动走近消费者，直接拉开推广与销售架势，这时候社区营销、校园营销等模式往往尽显魅力。

开展社区营销首先应选定符合商场定位的社区，如面对 20 ~ 30 岁的主力消费群的时尚百货,可选择类似于“80 后”“70 年代”精英等聚集的社区开展推广工作。当然,对于百货商场来说,房价高、住户多的高档社区为推广之首选。传播方式可以有社区公告栏、海报宣传、联谊活动、社区团购、公益活动、文化娱乐、大型特卖等。

A 商场所在区域为某地级市,城区人口仅 30 万,而当地最大的小区为某汽车厂家属区,汽车厂的员工收入在当地最高,小区内常住人口达 1 万多。为了争夺这 1 万多的目标消费者,A 商场首先是跟小区外包的物管公司洽谈,以极低的价格拿下了小区的公告栏广告、节假日小区条幅宣传,DM 单更是由物管人员直接投递到每户人家,因此,在极短的时间内,A 商场的宣传便直击消费者心灵。

为推广品牌文化,A 商场先后在社区内开展了卡拉 OK 大赛、家庭才艺大比拼、儿童书画展、周末品牌服饰模特秀。国庆节、五一节、春节等重大节假日,A 商场在社区内开展大规模的名品特卖会,特卖会销售额竟直逼 A 商场店内销售额,由此一来,A 商场不仅在该社区获得了人心,而且收获了不错的销售业绩。于是,A 商场立即将此模式复制到了 C 社区、D 社区、F 高校等多个场所,商场全年场外销售额竟然提升了 300%,占商场全年销售额的 25%,相当于又增加了一个楼层的经营销售收入,而费用仅是为数不多的物业赞助费与人员成本。

由此可见,社区营销是卖场拉动销售的一大独门武器。走进社区,点对点地窄众传播,配合个性化的文化营销与商品特卖,不仅是淡季在卖场外提升销售额的一大途径,而且是提升卖场全年销售额的重要法宝。百货商场不妨多占领几个有实力的社区“高地”,在社区营销上下点功夫,一定能起到事半功倍的效果。

# 第三节 营销战略与营销计划

## 一、营销战略

营销战略是指企业在现代市场营销观念下,为实现其经营目标,对一定时期内市场营销发展的总体设想和规划。

任何目标都有许多达成途径,营销战略的任务就是选择最有效的行动方式来完成企业的营销目标。营销战略规定了公司中长期的营销目标、战略重点、发展方向和实现目标的基本途径,从根本上提高公司的营销能力,从而获得持久竞争优势。营销战略应符合企业自身条件、持续发展及竞争环境。营销战略包括产品策略、价格策略、分销策略等。

### (一)营销战略的特征

全局性:指营销战略的地位、重要性及范围。

长远性:指营销战略目标所需要的时间。

纲领性:指营销战略的统帅作用。

竞争性:指营销战略实施过程中的激烈竞争。

应变性:指要适时地对营销战略进行适当的调整。

稳定性:指营销战略必须保持相对稳定,不能朝令夕改。

### (二)营销战略的基本要素

企业使命:确定企业生产经营的总目标和方向。

企业哲学:企业经营活动的价值观、态度和行为准则。

资源配置:企业的资源和能力。

竞争优势:市场的性质、竞争者的营销战略、企业所拥有的独特竞争优势。竞争优势要通过企业活动所创造的价值与成本两个指标来衡量。

### （三）制定市场营销战略的主要步骤

1. 形势分析

宏观环境的发展可能给企业带来新的机会，也可能带来新的难题，如新的法律、新的政策的实施，对企业营销可能产生有利或不利的影响。进行形势分析、掌握宏观环境的发展趋势是企业制订战略计划的重要前提。

形势分析包括市场、竞争和企业本身分析，竞争力分析和环境分析包括企业擅长的领域是哪些，这些领域的发展前景，企业3～5年后会在什么领域开展经营，和目前有什么区别，企业服务于哪些类型的顾客等。

2. 明确战略方向，制定战略目标

明确企业未来（3～5年）的发展走向，制定定量目标与非定量目标（见图3－3）。

3. 确定竞争地位

确定企业自身竞争地位，即目标、定位、总量资源和优先权的选择。要明确企业及所经营商品在市场上的地位，增加商品的竞争能力，避免与声誉较高的名牌商品展开正面竞争。

4. 识别市场机会

有效地利用潜在的机会，开发新产品、改进现有产品、发现产品的新问题，吸引竞争对手的顾客，开发新的细分市场。

5. 制订营销计划

通过营销计划的制订，进行销售额与费用分析，以及销售预测。

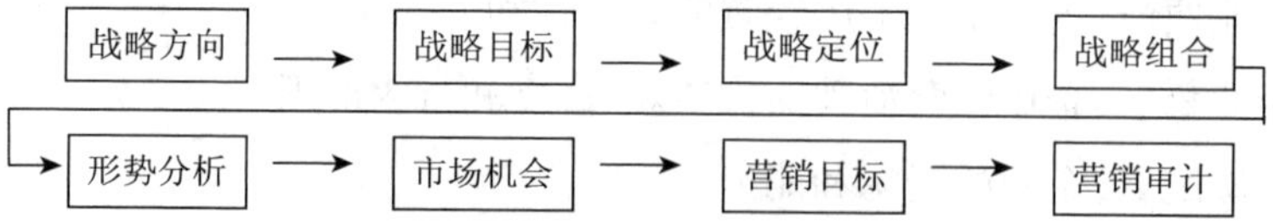


**图3－3　市场营销战略计划过程**

### （四）企业竞争地位的种类

1. 市场领导者地位

大多数行业都有一个公认的市场领先企业，这个企业在相关的产品市场中占有最大的份额，该领先企业是众多竞争者的目标，可向它提出挑战、模仿或避免同它竞争。处于统治地位的企业想要继续保持优势，就要在3条战线上努力：扩大总需求；通过好的防御和进攻行动来保护它的现有市场份额；在市场规模不变的情况下，可以努力进一步扩大其市场份额。例如，黄金酒在白酒市场成功地切分出一块“含保健功能的礼品酒”市场，并定位为“送给长辈保健的酒”，在2008年春节旺季一举赢得近8个亿的销售额，跃居保健酒行业第二把交椅。

2. 市场挑战者地位

攻击市场领先者和其他竞争者，以夺取更多的市场份额。

3. 市场追随者地位

市场追随者可以应用产品模仿的战略，参与竞争但不扰乱市场局面。虽然追随者未必能超过领先者，但它获得的利润比较高，因为它不承担创新和教育市场的费用。

4. 市场补缺者地位

如果企业不愿意在大市场上做追随者，也可成为一小块市场上的领先者或补缺者。小企业为了避免与大企业竞争，它们通常的目标是小市场或大企业不感兴趣的市场。补缺的主要风险是补缺的市场会逐渐缩减或受到攻击。由于补缺者往往是弱者，企业必须连续不断地开发新的补缺市场。

成功的战略要同时满足三个条件：①选择的方向和目标一定要基于企业资源能力的优势；②消费者所期望的价值；③竞争者的弱点。

### （五）营销战略的核心要点

1. 适应市场变化

用开阔的经营视野，树立市场需求观念，把眼光放在广阔的市场上以适应市场变化。

2. 充分利用现有资源

运用同样数量、同样类型的资源去完成新的战略目标。

3. 明确规定企业发展方向

企业不但要有具体目标,制订达到目标的措施、规划,而且应确定具体的时间进度表。

### (六)营销战略的种类

1. 营销战略按内容分类

(1)密集型发展战略。该战略是指利用市场机会,在企业现有业务中寻找或者挖掘进一步增加其销售量或利润的机会。选择行业领导者力量薄弱之处或在一条较短的战线上发动进攻。

(2)市场渗透战略。该战略是指企业努力增加其现有市场上现有产品的销售量。采用这一战略的企业可以尽力使现有顾客增加购买或者把竞争者的顾客吸引过来。强有力的促销和低价是市场渗透的常用策略。

(3)市场开发战略。该战略是指向新市场出售现有产品或服务。企业可以采取在新地区或国际市场增设营销网点或者利用新的营销渠道,通过加强促销等措施从侧翼占领市场空白。

(4)产品开发战略。该战略是指企业通过增加花色品种、规格、型号等向现有市场提供一些新产品或服务。如一些百货公司为其顾客增设餐厅和电子游戏室等就属于此类战略。

(5)一体化发展战略。该战略是指开发或者拓展与企业现有业务相关的新业务,以寻求增加其销售量或利润的机会。

• 后向一体化发展。这是一种按照销产供为序进行一体化经营而获得发展的战略。是企业在现有业务基础上,通过收购、联合、兼并等形式,拥有或控制企业的材料及其他供应系统,实行供产一体化经营。如化工厂与化工原料厂联合为一体等。

• 前向一体化发展。这是一种按照供产销为序实现一体化经营,使企业得到发展的战略。企业在现有业务基础上通过收购、兼并、联合等形式建立经销系统，实现产销一体或现有原材料生产企业向成品生产发展。

• 水平一体化发展。这是一种企业通过收购、联合、兼并其竞争对手，或者与国内外其他同类企业合资经营等途径实现企业自身发展的战略。大型企业可以利用其他企业场地、设备、人力、资金等资源实施该战略，扩大自己的生产经营规模。

(6)多元化发展战略。该战略是指增加一些与企业现有业务无关但有吸引力的新业务，以寻求增加其销售量或利润的机会。

2. 营销战略按差异性与集中程度分类

(1)无差异性营销战略。该战略是指企业将整个市场作为自己的目标市场，面对所有的细分市场只推出一种产品并且只实施一套营销组合策略，通过无差异的大规模营销，吸引更多的消费者。该策略是把整个市场作为一个大目标开展营销，强调消费者的共同需要，忽视其差异性。采用这一策略的企业，一般都是实力强大、进行大规模生产，又有广泛而可靠的分销渠道，以及统一的广告宣传方式和内容。

(2)差异性营销战略。该战略是指企业在市场细分的基础上，同时选择若干个细分市场作为目标市场，再针对每个目标市场，分别设计不同的产品和营销组合策略，从而更好地满足消费者的需要。该策略通常是把整体市场划分为若干细分市场作为其目标市场。针对不同目标市场的特点，分别制订出不同的营销计划，按计划生产目标市场所需要的商品，满足不同消费者的需要。

(3)集中性营销战略。该战略是指企业集中力量进入某一细分市场，针对该细分市场设计一套营销组合策略，实行专业化生产和经营，以获取较高的市场占有率的一种营销战略。该策略是选择一个或几个细分化的专门市场作为营销目标，集中企业的优势力量，对某细分市场采取攻势营销战略，以取得市场上的优势地位。一般说来，实力有限的中小企业多采用集中性营销策略。

市场中领导品牌企业表面上看来不可一世、无懈可击，其实并非如此。领导品牌企业灵活性不如小企业；不同区域市场发展不平衡；产品线较长，不同产品间发展也不平衡；领导品牌企业因为要考虑全国市场，很难根据当地情况开发合适产品、制定合适营销策略。领导品牌企业为劣势企业留下了足够空间，是其能够健康发展的根本原因。劣势企业只要善于发现领导品牌企业的弱点，寻找到合适的商机，就能发挥自身优势使品牌得到迅速扩张。

劣势企业一般可支配的资源有限，只有集中优势，采取"各个击灭，步步为营"的策略，才能在残酷的竞争中立足发展。常用的集中策略有集中市场、集中产品和集中专长三种模式。企业可以根据自己的生产经营情况，以及产品、市场及特殊竞争力的不同组合，选择竞争战略。

企业总体营销策略可以针对不同区域、不同类型的市场制定，成熟市场以品牌推广、渠道优化、新产品导入、加强团队的激励为主；发展型市场以渠道激励、优化产品组合、培育重点市场和品牌为主；新市场以市场开拓、团队培训、渠道建设和活动推广为主，迅速打开知名度，推动销售（见表3－1）。

表3－1　不同营销战略的比较

| 指标 | 无差异性营销战略 | 差异性营销战略 | 集中性营销战略 |
|---|---|---|---|
| 产品差别化 | 低（主要来自价格） | 高（主要来自特殊性） | 由低到高（价格或特殊性） |
| 市场细分化 | 低（大市场） | 高（大众细分市场） | 低（一个或一些细分市场） |
| 特殊竞争力 | 制造及物料管理 | 研究开发、销售等 | 任何的特殊竞争力 |

案例

## 药品零售连锁企业的市场营销战略

药品零售连锁企业是指经营同类药品，使用统一商号的若干个卖场，在同一总部的管理下，采取统一配送、统一质量标准、采购同销售分离、规模化管理组织形式的卖场。药品零售连锁企业可以根据自身的规模、实力，采取相应的市场营销战略。

## 一、侧翼战略的应用

药品零售连锁企业最大的竞争对手是医院药房。长期以来,人们形成了“到医院就医,在医院药房取药”的思维模式,只有在患小病时才选择到零售药店购药。药品零售连锁企业可以采取侧翼战略,以较低价格吸引医院药房的潜在顾客到连锁药店购药,以提高药品终端市场的份额。

(1)老顾客档案战略。药品零售连锁经营企业可以通过开展建立老顾客档案业务,对连续购买同种药品的老顾客给予价格优惠,并制定优惠数量级别和价格标准。

(2)多元化经营战略。医院药房只供应药品和部分保健品。药品零售连锁企业则可以经营药品以外的物品,如食品、健康护理用品、美容化妆品、休闲娱乐用品等。开展多元化经营不仅可以满足顾客的多种需求,还可以找到新的经济增长点,维持企业的生存和发展。

## 二、游击战略的应用

我国医院药房具有固定的消费群体,而大型药品零售连锁企业则具有资金的优势,因此,中小型药品零售连锁企业可以采用游击战略,避开激烈的竞争,开拓自己的市场空间。

(1)地域游击战略。我国大型医院与知名药品零售卖场大多集中在城市繁华地段,中小型药品零售连锁企业由于资金有限,可以避开经营费用较高的城镇地区,发挥自身小巧灵活的经营优势,在农村开设连锁药店。

(2)建立同盟战略。中小型药品零售连锁企业可以相互结成地区同盟,通过联合招标采购,降低药品购进价格,共享药品资源,提高企业的市场占有率和盈利水平。

规模大的药品零售连锁企业要想保持领先地位,必须不断扩大经营规模,运用先进技术完善经营管理,并采取有效手段阻止其他竞争者威胁性的进攻。

(3)一体化发展防御战略。大型药品零售连锁企业可以采取后向一体化战略,兼并药品批发企业,使其成为自己的配送中心,缩短药品分销渠道,有效控制药品的购销成本。也可以采取前向一体化战略,以收购兼并、加盟经营、特许经营的方式,将规模小的独立药店纳入自己的连锁体系,对其进行统一管理,包括药品配送、人员培训、财务控制,以提高企业连锁规模,实现品牌资产的迅速扩张。

企业还可以采取水平一体化战略,以控股、合作的方式与其他具有特殊优势的药品连锁企业合并,提高市场占有率和经营利润。如以经营西药为主的企业,可以与具有经营中药或保健品优势的企业联手,提高市场竞争力。

(4)品牌防御战略。大型药品零售连锁企业可以利用规模优势和已有的企业声誉,将销售的药品赋予自己特有的品牌,在药品包装上贴附具有企业标志的防伪标识,并对顾客承诺所销售药品的质量。品牌防御战略可以提高企业的知名度,巩固企业的领先地位,有效增强顾客对企业的信任度和忠实度。

(5)宣传广告防御战略。医院药房附属于医院,很难单独进行广告宣传,而大型药品零售连锁企业可利用自身的资金优势,针对企业形象开展各种宣传活动,提高企业的知名度进而提高经济效益。企业可以开展各种公益活动,如开展各种名义的募捐、下乡送药等公益活动,并以新闻报道的形式在广播、报纸上对活动进行宣传,企业可选择电视、电台、报刊、路牌、霓虹灯灯箱、橱窗、公交车车身等各种媒介宣传企业形象。通过广告宣传,可有效巩固企业的行业领先优势,提高企业的市场竞争实力。

**三、进攻战略的应用**

(1)单一战线进攻战略。一些经营品种具有特色的药品零售连锁企业,可以充分发挥自身的独特优势,在特定领域占据领地。如以经营传统中药为主的老字号药店,可利用其在民族药业中的优势,集中精力开拓国内外市场,努力提高经济效益。

(2)薄弱环节进攻策略。药品零售连锁企业可以利用商业经营特点,提供多种特色服务。①最大限度方便顾客,开展预订药品、电话购药、免费送药上门的速递服务和邮递药品业务;②由执业药师为顾客提供咨询服务,为顾客购药进行指导;③定期与顾客进行回访交流,了解用药效果,纠正不良用药习惯,以提高顾客的忠诚度;④定期开展安全用药宣传活动,介绍各种常见病的用药知识;⑤设立医药书刊阅览区,设置饮水机和按摩器等设施;

⑥实行缺货登记制度,邀请顾客任监督员,设立意见箱和投诉电话;⑦购置中药电子调配柜和煎药机等设备,为顾客快速准确调配中药、免费煎药,以保证销售药品的质量。

## 二、营销计划

营销计划是营销管理者对某一时期内营销活动的规划,是实施营销战略的路径图。通过营销计划使营销战略变得可行,也是营销战略分解细化的过程。

营销计划一般以年度计划的形式体现,由销售部门根据公司总体销售目标制定,依据上年的销售完成情况、自然增长、人员、费用、渠道等情况,制定年度增长率。主要体现为销售目标(销售额目标和销售量目标),还有诸如品牌目标、渠道网络覆盖等非销售目标。销售目标要进行分解,分解到区域内的每个渠道、每个供应商或经销商、每个产品,每月、每季度、半年、年度完成情况,这样的目标才有意义。

### (一)营销计划的种类

(1)按计划长短分为长期计划、中期计划和短期计划。

(2)按企业机构及职能分为公司计划、部门计划、利润计划,如事业部计划、产品线计划、品牌计划、市场计划、产品市场计划等。

(3)按计划性质分为战略计划、策略计划和作业计划。

### (二)营销计划的内容

1. 营销目标

营销目标的确定要根据企业自身的能力,结合对营销环境的分析,发现能充分发挥企业优势的有利机会。营销环境包括微观和宏观两部分,微观环境参与者包括企业本身、供应商、顾客、竞争者和公众,宏观环境包括人口环境、经济环境、自然环境、技术因素、政治法律因素和社会文化因素。企业通过对营销环境的分析、评价,拟定对策,选定营销目标。

2. 营销策略

营销策略也称为营销创意，是一种竞争性的、针对顾客心理需求的行动方向。企业选择的营销策略必须在整个市场竞争中具有某种独到之处或优势，还必须针对顾客的心理需求，制订企业市场营销计划并使其得以有效实施。

3. 营销政策

营销政策是企业的营销激励措施，包括投入何种资源支持销售、产品与服务策略、价格与分销策略、人员激励措施等。

4. 营销程序

营销程序包括营销现状分析、确立营销目标、制定并评价营销策略、编制营销计划、营销计划执行、营销计划的监测等。

5. 营销预算

营销预算是指企业执行市场营销战略、政策所需的最适量的预算，以及在各个市场营销环节、各种市场营销手段之间的预算分配。

在制订营销计划时，要考虑以下几个方面：①向顾客提供他们需要的产品或服务；②确定顾客愿意为产品或服务支付的价格；③为顾客生产和出售产品或提供服务的场所；④向顾客传递有关产品或服务的信息，吸引他们购买产品或服务。

在现实中，卖场年度总体营销目标并不只有一个，而是围绕目标形成的一整套市场管理的策略、方法。也就是说，需要实现目标所需要的资源、组织架构、团队和考核激励措施。总体营销目标制定之后，还需要有主要的策略来完成这些目标。策划部门和销售部门可以将所有年度主题活动进行统一的规划和部署，根据时间和所需要的资源进行计划，审批通过后申请执行（见表3－2）。

**表 3－2　2010 年某百货商场全年营销活动计划**

<table>
<tr><th colspan="7">商品品类</th><th rowspan="2">重点品牌营销</th></tr>
<tr><th>女装</th><th>男装</th><th>日化</th><th>珠宝钟表</th><th>鞋帽童装</th><th>食品</th><th>家具家电</th></tr>
<tr><td colspan="7">12/31—1/3　新年促销　全场促销活动主题:完美新年</td><td rowspan="2">品牌主题活动</td></tr>
<tr><td>冬装热卖</td><td>冬装热卖</td><td>保湿、滋润系列热卖</td><td></td><td>冬靴热卖</td><td></td><td>冬季用品热卖</td></tr>
<tr><td colspan="7">2/5—2/19　春节、情人节促销　全场促销活动主题:春舞霓裳　浪漫新春<br>2/26—2/28　元宵节促销　全场促销活动主题:团圆时刻　尽在王府</td><td rowspan="2">品牌主题活动</td></tr>
<tr><td>冬装热卖</td><td>冬装热卖</td><td>保湿、滋润系列热卖</td><td>金饰热卖</td><td>冬靴热卖</td><td>年货热卖</td><td>冬季用品热卖</td></tr>
<tr><td colspan="7">3/5—3/8　三八妇女节促销　全场促销活动主题:美丽女人　光彩照人</td><td rowspan="2">内衣全部 8 折</td></tr>
<tr><td>冬装出清、春款上市</td><td>冬装出清、春款上市女式内衣热卖</td><td>补水、美白系列热卖</td><td></td><td>冬靴出清、春款上市</td><td></td><td></td></tr>
<tr><td colspan="7">4/2—4/11　婚庆用品节　全场促销活动主题:魅力嫁“装”</td><td rowspan="2">民族服饰全部 9 折</td></tr>
<tr><td>春款热卖</td><td>春款热卖</td><td>美白系列</td><td>珠宝饰品、手表大促销</td><td>春款热卖</td><td></td><td>家居品大促销</td></tr>
<tr><td colspan="7">4/29—5/3　五一节促销　全场促销活动主题:繁花似锦　欢乐假期<br>5/7—5/9　母亲节促销　全场促销活动主题:感恩母亲　奢华传情<br>5/27—5/30　试营业一周年暨正式开业　全场促销活动主题:新时尚 新奢华</td><td rowspan="2">品牌主题活动</td></tr>
<tr><td>夏款上市</td><td>夏款上市</td><td>防晒系列热卖</td><td></td><td>凉鞋上市</td><td></td><td>夏凉用品上市</td></tr>
<tr><td colspan="7">5/28—6/1　六一儿童节促销　全场促销活动主题:快乐同享　健康成长<br>6/16—6/20　端午节促销　全场促销活动主题:端午情深　奢华传情<br>6/18—6/20　父亲节促销　全场促销活动主题:父爱如山　臻品感恩</td><td rowspan="2">品牌主题活动</td></tr>
<tr><td>夏款热卖</td><td>夏款热卖</td><td>防晒系列热卖</td><td></td><td>凉鞋热卖</td><td>粽子、皮蛋、盐鸭蛋热卖</td><td>夏凉用品热卖</td></tr>
<tr><td colspan="7">7/1—7/31　会员答谢　全场促销活动主题:会员年中答谢</td><td rowspan="2">品牌主题活动</td></tr>
<tr><td>夏款热卖</td><td>夏款热卖</td><td>防晒系列热卖</td><td></td><td>凉鞋热卖</td><td></td><td>夏凉用品热卖</td></tr>
<tr><td colspan="7">8/13—8/16　七夕节促销　全场促销活动主题:浪漫神话　相约七夕</td><td rowspan="2">品牌主题活动</td></tr>
<tr><td>夏款热卖</td><td>夏款热卖户外用品热卖</td><td>防晒系列热卖</td><td></td><td>凉鞋热卖</td><td></td><td>夏凉用品热卖</td></tr>
</table>

续表

| 商品品类 | | | | | | | 重点品牌营销 |
|---|---|---|---|---|---|---|---|
| 女装 | 男装 | 日化 | 珠宝钟表 | 鞋帽童装 | 食品 | 家具家电 | |
| 9/3—9/26 中秋节促销 全场促销活动主题:月圆人团圆 情真爱意浓<br>9/10—/12 教师节促销 全场促销活动主题:"师"情"华"意 | | | | | | | |
| 夏款出清、秋款上市 | 夏款出清、秋款上市 | 防晒、补水系列热卖 | 金饰热卖 | 凉鞋出清、秋款上市 | 月饼热卖 | 夏凉用品出清、秋款上市 | 品牌主题活动 |
| 9/30—10/5 国庆节促销 全场促销活动主题:举国同庆 盛世华章 | | | | | | | |
| 秋款热卖 | 夏款出清、秋款热卖、冬款上市 | 防晒、补水系列热卖 | 金饰热卖 | 凉鞋出清、秋款热卖、冬款上市 | | 夏凉用品出清、秋款热卖,冬被上市 | 品牌主题活动 |
| 11/5—11/14 温暖节 全场促销活动主题:热引力 | | | | | | | |
| 冬款上市 | 冬款热卖 | 补水、美白系列热卖 | | 冬款热卖 | | | 品牌主题活动 |
| 12/23—12/26 圣诞节促销 全场促销活动主题:欢乐圣诞 喜迎新年 | | | | | | | |
| 冬款热卖 | 冬款热卖 | 补水、美白滋润系列热卖 | 香水、饰品热卖 | 冬款热卖 | | | 品牌主题活动 |

# 第四节 顾客分析

## 一、顾客需求

管理大师德鲁克说过,谁最了解自己的顾客,谁就最可能推出赢得市场的产品和服务。营销活动的本质是把握企业和客户的关系,对卖场而言就是把握顾客,顾客是卖场的根本。

顾客是那些登门购买的有消费能力或潜在消费能力的人。按时间分为老顾客、新顾客、潜在顾客,按所处位置分为内部顾客(从业人员、基层员工、主管甚至股东)、外部顾客。

### （一）购买行为

购买行为是消费者为满足自己的物质需要和精神需要，在某种购买动机的驱使和支配下而发生的购买商品的实际活动，是消费者心理活动的外在表现，受社会群体因素的制约影响。

消费需求决定购买行为，顾客购买产品或服务是为了满足不同的需求。例如，购买手机，是因为他们需要通信工具；购买漂亮衣服，是为了使自己的外表更美观得体；购买防盗门，是为了居家安全。如果卖场了解并满足了顾客的需求，就可能获得成功。

了解顾客的需求有助于发现新的市场机会、引导消费。为进行有效的营销策划，卖场应深入了解顾客的需求，收集顾客的信息，掌握顾客的变化趋势与应对策略：

（1）顾客是男人还是妇女，是老人还是儿童？

（2）顾客在哪儿？他们一般在什么地方和什么时间购物？

（3）顾客需要的产品或服务的种类有哪些？每个产品或服务的哪方面最重要，是规格、性能、质量，还是价格？顾客愿意为每个产品或每项服务支付多少钱？

（4）顾客多长时间购一次物，每年、每月，还是每天？

（5）顾客购买的数量是多少？

（6）顾客数量是否在增加，能保持稳定吗？

（7）顾客是否在寻找有特色的产品或服务？

### （二）消费群体

消费群体是指由某些具有相同或相似消费特征的消费者组成的群体。同一消费群体在购物心理与行为上有很大的相似性，而不同的消费群体之间则存在着较大的差异。只有掌握了消费者的购买原因和购买目的，才能制定出有针对性的营销策略。

企业可以根据不同消费群体来细分市场，掌握其不同的需求特点，从而实行不同的营销策略。

少年儿童（0～15 岁）。在我国，孩子往往是家庭的核心，儿童的需要在家庭中往往是第一位的，少年儿童具有爱玩、爱学习、好奇心强、活泼等特点，卖场经营的商品应以营养、保健、安全和促进学习为主。保健品、营养品、品牌服装等必需品会受到家长们的欢迎，另外，儿童日用品比如儿童学步车、尿湿报警器、踢被报警器、奶嘴等也会受到家长的欢迎。在儿童娱乐市场中，科技智力型玩具以及儿童书籍也是家长和少年儿童的最爱。

青年（15～29岁）。该消费群体追求时尚与新颖，追求个性，善于表现自我，注重感情，容易冲动。购买动机形成迅速、果断，具有较强自信，购买范围广泛，购买能力强，具有明显的冲动性，购买动机易受社会因素的影响，具有时代特征。从众与追求个性心强、自尊心强和追求美是青少年的心理特征。商家营销策略的制定应集中在青少年的个性化方面，如个性化的服装、手机、MP3等。

中年（29～50岁）。该消费群体讲究计划性，具有理智性，感情色彩比较淡薄，注重实用性，随俗求稳，购买动机具有被动性。

老年（50岁之后）。该消费群体经济基础雄厚，注重产品质量和服务，追求舒适与方便。购买具有习惯性，喜欢自己熟悉的商场，要求商品舒适实用、价格优惠，希望享受良好的接待服务。他们比较注重产品的品牌、服务质量，时刻显示自己的品位。因而商场应以中高档商品为主，包括服装、化妆品、电子产品等，同时注重商品的高品位和高质量。

在购买活动中，大部分的购买主体为女性消费者，她们不仅购买自己所需的消费品，还购买家庭用品，因此卖场如果正确把握了女性消费者的消费心理，也就等于赢得了顾客。女性消费者在产品需求方面种类较多，如服装、食品、化妆品、日常用品、小饰品等。

2008年9月，北京万事达卡国际组织发布的一项关于女性消费者网络购物行为的调查显示，有网络购物行为的女性消费者在数量上多于男性。据中国互联网信息中心对淘宝、易趣两家大型购物网站的调查，女性消费者对于服饰、化妆品、珠宝等商品，购买频率为“每月都买”或“每周都买”的超过30%。一年中网上购物超过12次的“购物常客”，约占网上女性消费者的40%以上。据统计，女性消费者的消费忠诚度和购物频率要比男性消费者更高。

女性消费群体的需求有六大特点：

1. 具有浓厚的感情色彩，注重商品的外表和情感因素

男性消费者在购物时，特别是购买生活日用品、家用电器时，较多地注意商品的基本功能、实际效用；而女性消费者对商品外观、形状，特别是其中蕴含的情感因素十分重视，往往在情感因素作用下产生购买动机。商品品牌的寓意、款式色彩产生的联想、商品形状带来的美感或环境气氛形成的温馨感觉等都可以使女性消费者产生购买动机，有时是冲动型购买行为。购买动机易受外界因素影响，波动性较大，购物现场的环境和促销人员的讲解与劝说在很大程度上会左右女性消费者的购买行为，有时甚至能够改变她们之前已经做好的消费决定，转为购买促销的产品。

2. 注重商品的实用性和细节设计

女性消费者心思细腻、追求完美，购买的商品主要是日常用品和装饰品，在购买商品时比男性消费者更注重商品细节，通常会花费更多的时间在不同厂家的不同产品之间进行比较，更关心商品带来的具体利益。同样的产品比性能，同样的性能比价格，同样的价格比服务，甚至一些小促销礼品和服务人员的态度都会影响女性消费者的购买决定。这就要求商家对产品的细节做到尽善尽美，避免显而易见的缺陷。

3. 注重商品的便利性和实用性

我国中青年女性就业率较高，她们迫切希望提高工作效率，减轻家务劳动量，缩短家务劳动时间。她们对工作用品和日常消费品的便利性与实用性有更强烈的要求，职业女性用品的需求也极为旺盛。富于创造性、便利性和实用性的商品可以使女性消费者显示自己独特的个性，并能更好地工作、娱乐和休息。

4. 注重感觉“好”的商品和服务

女性消费者购买商品时较多地强调“美感”，容易受感情驱使而产生购买行为，这与男性消费者有很大的区别。越来越多的女性消费者要求“自我表现”，要求“生活品位”。能够带来梦想的商品在女性消费者中必定畅销。很多平时好动、工作干劲十足的年轻女性喜欢购买“温馨”“可爱”的商品。

除偶像商品、幻想商品之外，销售“可爱”东西的杂货店、精品店也会受到女性消费者的欢迎。

5. 注重商品的包装

女性消费者的购买欲望多受直观感觉影响，因此比较注重外观设计，尤其对包装特别注意，她们青睐表现个性和情趣的包装。

6. 注重赠品

有些女性消费者可能会花费上千元购买一套流行时装，而在菜场买菜时却讨价还价、斤斤计较，她们认为高档品才物有所值。卖场提供赠品正是迎合了这种心理，比如两家卖场的营销策略不同，一家是低价，另一家是高价但附赠品，女性消费者在没有时间或能力比较两家商品质量时，很可能会认为高价商品的质量一定好，而有赠品就更会吸引她们。

企业在制定营销组合策略时，应特别注重现代女性消费者的心理特征及其变化趋势，采取适宜的措施。如卖场的橱窗布置应注重明朗、热烈的气氛；在商品的设计、色彩、款式方面，要注重诱发女性的情感；在商品的包装装潢、经营方式等方面，要新颖、别致、适时、方便。向女性消费者宣传某商品的好处和具体利益，比向她们宣传商品的质量、性能效果更好。

## 二、购买动机和诉求

消费者有了消费需求，还必须具备购买动机才会产生购买行为。购买动机指的是人们为满足某种需要而引起的进行某种购物活动的欲望和意念，是促使一个人去付诸行动的内部动力。购买动机实际上是消费者的一种心理活动过程，包括认识过程、情感过程和意志过程，是一种自主性的活动，不是一成不变的。

### （一）购买动机

购买动机由消费者的需求所决定。按照马斯洛的需要层次理论，购买动机可分为多个层次：生理动机，如食物、药品、饮料、衣服等产品；安全动机，如保险、保险柜、防盗器材等产品；归属动机，如服装、娱乐休闲等产品；

尊重动机，如健身器材、家具、汽车等产品；自我实现动机，如教育、度假等产品。

消费者典型的购买动机有四类：

1. 求廉心理动机

求廉心理总是在消费者的购买行为中表现得很突出，主要原因是消费者经济收入不太充裕和具有勤俭持家的传统思想，想用尽可能少的经济付出求得尽可能多的回报。

一方面，在观念上求廉心理引导着消费者低水平消费、吝啬消费；另一方面，有的消费者的求廉心理走向极端，购物时永远把价格便宜放在第一位，进而发展为只要是廉价商品，不管有用没用都照买不误。

所以，有求廉心理的消费者在寻求价廉商品的同时，必须考虑商品的实用性和一定的质量保证，否则会得不偿失。

2. 从众心理动机

从众心理是指消费者在购物认识和行为上不由自主地趋向于同多数人相一致的购买行为。从消费者主观因素方面考察，其原因有：

(1)消费者本人的性格。例如，意志薄弱型、顺从型性格的人从众心理更强一些。

(2)消费者缺乏商品知识，自信心不足。

(3)消费者从利益角度分析，认为跟随大多数人购买总会得到好处，不可能多数人都判断失误，即使上当也是大家一起上当，盲目追随他人购买以求得心理上的平衡。

3. 求名心理动机

求名心理是指大部分消费者在选购商品时，喜欢选择自己熟悉的商品，而在熟悉的商品中又特别喜欢购买名牌商品。如果消费者为了追求产品的质量而选择名牌商品是明智的，但如果购买名牌商品仅是为了炫耀以求得到心理上的满足，则是陷入了购买名牌商品的误区。

4. 求新心理动机

求新心理是指有一部分消费者在选购商品时，特别钟情于时髦、新奇的商品,也就是追求时髦的心理。消费者通过对时尚商品的追求来获得一种心理上的满足。成熟的消费者应该有自己的消费个性,而不应盲目地追求时髦,因为时髦的商品对某个具体的消费者来说并不一定是最合适的。明智的消费者不会让追求时尚的虚荣心左右自己的消费观。

其他购买动机还有求实动机、求便动机、嗜好动机、求异动机、求利动机等。企业可以针对不同的购买动机,采取不同形式与内容的营销活动。如根据消费者求便利、求廉、求实的心理,在社区推广包装大方而实惠的中档产品;对于求名、求新的消费者,则可在大卖场、专卖店举行诸如买产品送纪念品等活动。

在物质极大丰富的今天,消费者的基本需求已得到满足,现今的消费者已经从注重产品本身转移到了对产品全方位、全过程的感受。市场广阔,企业要进行充分的市场调查,寻找市场空白及消费群体中未被满足的消费需求,或是随着形势变化变得不充分的消费需求。

### (二)消费者诉求的种类

针对不同消费群体的购买动机,企业应加强营销策划的针对性,在设计活动时注重满足消费者的九大诉求。

1. 个性诉求

差异化消费特征越来越明显,在个人用品以及居家装修装饰上追求个性的特征非常突出。

2. 健康诉求

从小康水平进入到全面小康水平,乃至将来步入富裕水平的中国人对健康的重视达到了前所未有的地步,而且将日益提升。

3. 适量诉求

现在很多消费者购物追求恰到好处,不再囤积食品和其他生活用品,与这种可持续健康消费理念相伴随的则是适量消费的诉求。

4. 品位诉求

2009 年,中国奢侈品消费首次超过美国,全球占有率为 27.5%,稳居世界奢侈品消费大国亚军宝座。名烟、名酒,参茸、燕窝等高级滋补品,名牌服装等高档消费品的消费增长势头更快。消费者对品位的追求日益升级。

5. 价格诉求

由于互联网为消费者提供了搜索价格信息的便利条件,消费者对价格格外关注与敏感,推动商家提高价格信息透明度,商家要想在价格信息上欺骗消费者是越来越难了。

6. 综合价值诉求

伴随着生活水平的提高,人们对闲暇时光的渴求会越来越大,闲暇时光如何利用就成为决定生活品质的关键。如何在商品的品位、性价比、方便性、购物舒适度之间获得平衡,求得较佳的效果将日益成为消费者更为理性的选择。

7. 情感诉求

没有哪一个民族会比中华民族更看重"情"在社会关系中的基础性功能。被市场经济日益冲淡的情感正逐渐回归,人们需要借助各种媒介、各种时机来表达情感,亲子活动增进父母女子之间的情感,母亲节、父亲节表达对父母的感恩之情,情人节表达对伴侣的爱与感恩,这种情感的诉求以后将会变得越来越浓烈。

8. 节俭诉求

作为社会的主流,绝大部分消费者追求的是在既定的生活品质下如何消费得更为合理,也就是在既定收入水平下生活质量的最优化与可持续化。这种节俭的诉求将会对国内超市的价格策略以及价格走势产生深远的影响。

9. 快乐诉求

不同的人在追求快乐时的道德底线是不同的,但是快乐幸福作为每个人所追求的终极目标却是一致的。绝大部分消费者所追求的可实现的快乐与幸福会对零售业的走势产生巨大的影响,企业只有善于去追寻这样的共集,才能够赢得更多的消费者。

案例

## 星巴克与消费者

星巴克没有进驻上海之前，上海人也喝咖啡。但随着星巴克的出现，星巴克已成为上海人追忆往昔十里洋场的风光、消遣和娱乐的理想场所。它在上海的经营非常成功，开了多家连锁店。

虽然星巴克不是上海唯一的咖啡店，但星巴克却是做得最好的咖啡店。它采用多种方法吸引消费者。举一个例子，2002年中秋节时星巴克推出了月饼礼盒，尽管星巴克不是生产月饼的，但它却可以跟月饼挂钩。这种多元化的策略，尤其反映在星巴克的文化上。上海浦东黄浦江边有一家星巴克，这家咖啡店周围的景色很美。落日时分坐在咖啡店里，一边品着咖啡，一边欣赏着落日时的繁华热闹和华灯初上的迷人景色。彩霞满天，咖啡香浓，这是一种什么境界呢？

再看星巴克的营销观点——"我们亲自为消费者挑选咖啡豆"，从最稀少的蓝山、摩卡、巴西一直到维也纳等各种名贵咖啡，他们努力地帮顾客挑选咖啡豆，这就是它的一种文化。最重要的是星巴克提出的第三空间理论——"人有两个空间，第一个是办公室，第二个是家，如果你厌倦了你的办公室，烦透了你的家，快请到星巴克第三空间，去享受你的生活。"这就是星巴克文化。想想，一个人如果不是待在办公室，也不是待在家里，而时常待在星巴克，它要赚多少钱！这就表示它的第三空间策略做得很好，这就是所谓的第三空间文化。

为什么星巴克能想到这么多？是因为它的敏锐性。他们很敏锐地发现什么是中国的新消费文化，什么是中国的新新人类，他们提倡享受第三空间，就体现了其某一方面的敏锐性。

资料来源：余世维．赢在决策[M]．中国物资出版社，2010

## 三、购买决策与营销策略

购买决策是指消费者为了实现满足需求这一特定目标，将其作为决策主题，在购买过程中进行评价、比较、选择、判断、决定购买等一系列活动。购买决策的内容包括购买原因、目标、方式、地点、时间和频率。

### （一）消费者决策

不同消费者因购买力、购买习惯、购买商品类别、需求目标等方面的差异，做出不同的购买决策。企业在制订营销计划时，应注意以下三个方面（见图3－4）：

(1)消费者在购买频率及购买时间选择上往往有较强的计划性。如购买生鲜食品，有些家庭是每天购买，有些则是周末购买，有些是早上购买，有些则是下班后购买。大致有一定的规律可循。

(2)消费者在购买商品品项的选择上往往事前没有计划，看到合适的就购买。因而特定的促销活动对引导消费者的购买行为具有十分重要的作用。

(3)不同区域消费者的需求特征会有很大的差异。

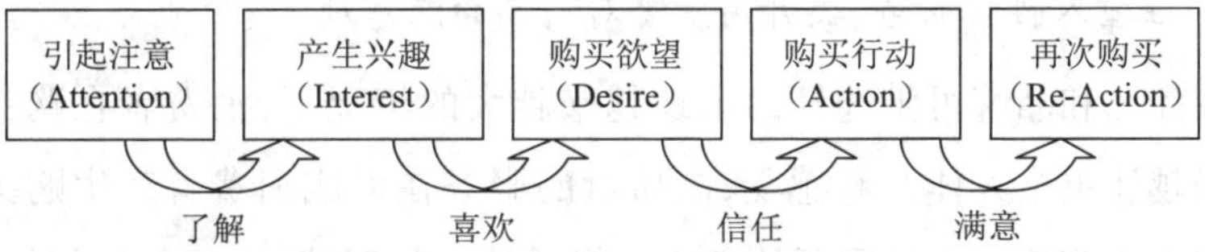


**图3－4　消费者购买行为模式**

### （二）基于购买决策的营销策略

1. 加强市场细分，针对不同的消费者实施差异性营销策略

受消费者自身条件如收入、受教育程度、年龄、性别、性格及心理的影响，不同消费者有不同类型的购买心理。针对不同消费群体的差异性，企业可积极加强市场细分，通过有特色的宣传活动、灵活的推销手段、周到的售后服务，在消费者心目中树立起良好的形象。针对每一细分市场制定一套独立的营销方案，进一步激发不同消费者的购买心理。

2. 改善购物环境，激发消费者的购买欲望

良好的购物环境可以影响消费者的心情，进而刺激其购买行为。对于不同的目标消费群体，企业一是要改善零售店的外部环境，积极创造有利条

件吸引并方便消费者进入商店；二是要改善内部环境，运用通道、陈列、灯光色彩、广告等设计营销手段，在入口处设置条幅、X展架、POP海报、显眼位置的精细布展等吸引消费者，延长其在店内的逗留时间，最大限度地激发他们的购买欲望。

3. 加大现场促销活动，刺激消费者的购买欲望

市场营销活动的实质是企业各种营销手段，刺激消费者需求，激发其购买欲望，促进其购买行为的实现。现实购买中，商品的打折促销是刺激购买最显著的方法。增强产品与客户的互动，大幅度折扣、免费品尝、免费试用、买赠等都是行之有效的促销策略。各种各样的打折促销活动可以迅速提升消费者对商品的认知程度和认同感。同时在购物现场开展吸人眼球的促销活动，可以使消费者在无意识中增强对商品的感知，从而诱使其产生购买动机。

4. 注重人性化服务，提升消费者对商品的满意度

在商品和品牌可供选择的余地越来越大的情况下，消费者在购物过程中越来越注重个人体验和感受，高质量的服务在促成消费者产生购买心理的过程中扮演着越来越重要的角色。舒适的购物环境、方便的购物体验、专业热情的接待，使消费者形成最终的购买决定。企业可以通过丰富的产品、促品、物料展示使消费者充分体验产品的功能和特点。消费者对购物经历越满意就越容易再次购买；反之将不会再次购买。

## 四、顾客管理与维护

卖场间的竞争归根到底是对顾客资源的争夺，在激烈的竞争性市场中"只要开店，顾客就会上门"的观念已经过时。企业只有主动出击，基于顾客的立场设计促销活动才能获得成功。此外，销售产品并不是销售的终点，维护并留住顾客才是核心。谁赢得了顾客的青睐，就赢得了生存和发展的机会。

### （一）消费者资料的收集

要想赢得消费者，就要从深化客户关系管理上下功夫。因此，收集、整

理和利用消费者资料就显得越来越重要。卖场可以通过消费者资料的分析了解其需求和期望、产品质量评价是否符合消费者的要求,及时纠正存在的缺陷,持续改进,以提升消费者的满意度。

卖场应当建立强大完善的CRM客户关系管理系统,收集、整理、完善已有会员资料,从会员基本信息、事业情况、家庭情况、生活情况、个性偏好、个人对时尚的偏好等方面,了解其需求特征并进一步挖掘其行为模式。收集手段包括常规调查与抽样调查相结合,深度问卷和电话访谈相结合,神秘客户、大客户、第三方调查相结合,并使用科学合理的满意度计算工具进行评价。

具体方法包括:

(1)利用开业或节庆促销时的DM剪角,以兑换纪念品的方式收集消费者的基本资料。

(2)利用抽奖活动的奖券来收集消费者资料。

(3)利用累积数量折扣券来收集消费者资料。

(4)利用申请会员卡来收集消费者资料。

(5)利用商圈住户访问来收集消费者资料。

(6)利用居委会的现成资料来收集消费者资料。

### (二)消费者资料的基本项目

消费者资料一般应包括以下项目:

(1)家庭人口数。

(2)住址及通信地址。

(3)全家姓名和生辰年月日(农历与公历)。

(4)户主及其配偶的出生地、毕业学校及工作单位。

(5)生活状态及信用程度。

(6)家庭的嗜好。

(7)购物习惯,包括由谁主导购物、购物频率、购物时间等。

### (三)消费者资料的整理与维护

(1)确立责权单位。消费者管理是一项长期性的工作,如果不能持之以恒就难以见效,所以该项活动一定要落实责权部门才不致中断。连锁超市一般可由总部的有关职能部门来负责，并由店长配合。

（2）资料整理与建档。收集到的资料应先确认其完整性，再予以建立档案，一般均以电话号码或身份证号码作为档案编号。以往资料整理常用手工操作，现在可充分利用电脑来整理资料。

（3）资料的维护。由于消费者常会随工作或环境需要搬迁，所以每隔一段时间就应将消费者资料更新一次，一般以每年更新一次为宜。

### （四）开展消费者活动的目的

开展消费者活动的主要目的是保持卖场与消费者之间的良好关系，具体包括以下四个方面：

（1）建立卖场与消费者之间的双向沟通渠道，以情感促进销售。

（2）向消费者提供多元化的信息服务，丰富消费者的日常生活，并增加其惠顾频率。

（3）掌握消费者的消费动态，培养长期忠实的消费者。

（4）树立良好的企业形象。

如一家高端美容美发企业，可以通过客户服务信息，包括头发、头皮、皮肤特征，客户习惯项目名称及收费，客户偏好的技师、客户对单次服务的评价、客户对服务的投诉情况进行记录，分析客户的消费行为和动向，并通过自有的信息呼叫中心及时跟进客户，提示客户到店消费，或者通过活动挽回流失客户和沉睡客户，邀请客户再次到店体验。

### （五）消费者活动的主要对象

消费者活动的主要对象是商圈内的住户，具体包括以下几种类型：

（1）有职业妇女的小家庭。

（2）单身家庭。

（3）年龄阶层在 18 ~ 55 岁。

（4）女性为主。

（5）收入水平在中等以上。

（6）教育程度在初中以上。

（7）无充裕时间购物者。

(8)追求舒适、自由的购物环境者。

(9)追求新潮、时尚者或注重品质、卫生,对价格不太敏感者。

(10)对家事料理不太在行,希望获得消费咨询者。

### (六)消费者活动的方式

消费者活动的方式多种多样,常用的方式包括以下几种:

(1)消费者意见访问。设置意见箱、人员访问或电话访问。意见箱可长期实施,人员及电话访问则根据需要不定期进行。

应注意的要点:要重视消费者提出的意见和建议,及时改正和采纳;意见箱要定时开启,长期实施,否则就不要轻易设置;向消费者征求意见的访问要有明确的主题,以便消费者有针对性地回答;对提供意见者要给予奖励,每月抽奖并公布姓名,以鼓励参与者的热情。

(2)提供生活信息。在卖场内特定商品的前方摆放 POP,说明商品特点、用途或食用方法;在服务台免费派送消费信息印刷品;利用固定的公布栏提供日常生活信息。

应注意的要点:以定期的方式,如每周或每月更新一次为宜;所提供的资料要有知识性、科学性和趣味性;要控制成本;有计划地长期实施并不断更新。

(3)恭贺问候。根据消费者资料寄发生日卡、节庆卡。

应注意的要点:卡片一定要由店长亲笔签名,不可用印刷方式;贺卡应在特定日期前一日或当天寄到,不要逾期;卡片形式要每年更换;贺卡寄出后最好在特定日期当天,再由店长以电话方式恭贺。

(4)成立顾问团。邀请商圈内经常购物的消费者或公开召集热心提供意见的消费者来担任顾问团成员;由卖场客服部门担任召集人,定期举行咨询会议。

应注意的要点:每月举办一次,每次两小时;会议前要将主要议题告知与会者,以便其提前做好准备;主持要引导讨论,并记录与会者意见,不要下结论;每次会议前公布前一次采纳意见的实施成效;要向参与者赠送纪念品。

(5)举办公益活动。发起慈善公益活动,如献血、救济;关心环保公益活动,如认养动物、树木等;关心社会公益活动,如赞助当地消防队救火器材、赞助当地学校等。

应注意的要点：选择与本企业经营理念相符的项目来实施；鼓励附近卖场或其他公益团体共同举办；以新闻的方式加以宣传；掌握社会热门话题。

## 复习题

### 一、简述题

1. 简述卖场市场调研的主要内容。
2. 简述市场细分的作用。
3. 简述市场营销战略的主要步骤。
4. 简述女性消费群体需求的特点。
5. 简述典型的消费者购买心理动机。

### 二、案例分析题

**中国消费者的新变化**

2010 年，中国城镇居民人均可支配收入为 19109 元。特别要注意的是，中国城镇居民收入最高的 20% 和收入最低的 20%，其可支配收入比达到了 5.4%。这个数据加上其他一些数据，就意味着在沿海和中西部某些高收入地区，可能有 1 亿人的可支配收入达到或者超过每月 5000 元人民币。

商家的目标就是让他们掏出这 5000 元来。下面几个商品品类都是值得特别留意的。

1. 更舒适和更精致的家纺产品

新兴市场的一个特点是年轻人整体收入水平高于他们的父辈。同时，他们负担轻、消费更自我，也更愿意模仿国外的消费方式。这就是为什么中国大中城市的酒吧价格比国外还贵，但是里面从来都不会缺少熙熙攘攘的年轻人。所以，满足这些人的需求是商家的一大机会。

家纺产品是这个领域的代表。在国外的大型商超里，家纺拥有的销售面积远大于国内的同类商超，产品也远比国内丰富。在国内，以罗莱和富安娜为例，它们的产品并不比国外同类产品便宜，但销售额却节节高升。而且罗莱推出了一系列面向不同消费者的产品，业务增长更是迅猛。

在历年淘宝“光棍节”的大促销中，富安娜和罗莱的销量也都处于同类商品的前列，当天销售均达到千万元级别，这无疑折射出消费者对这一品类产品的巨大需求。虽然，在国内大牌设计师还没有积极参与到家纺产品设计中，但是预计在不久的将来这将成为一个潮流。

2. 快速发展的家居用品和厨卫用品市场

年轻人越来越倾向于消费更精致的家居用品，他们仔细挑选每一个台灯、相框、椅子和抱枕，尽量做到少而精，绝不会在这些地方委屈自己。他们也愿意在厨房里配备更西式的工具，做出一些他们的父辈不愿意吃、甚至从没见过的东西。他们买不起大的房子，但是会把自己的小窝布置得富有生活气息。

目前国内除了宜家之外，还没有哪个地方可以集中满足他们在这方面的需求。所以，总是能看到宜家人满为患。而在国外，则有无数选择，甚至去趟沃尔玛就可以发现很多意想不到的产品，满足消费者的细节需求，比如厨具货架。

3. 关注食品安全

毫无疑问，没有一个国家的消费者会像今天的中国消费者一样关注食品安全问题。不过，最重视食品安全的不是年轻人而是那些收入颇丰的30～50岁的人士，他们收入更高，可支配收入甚至远远超过每月5000元，更愿意把钱花在“本质上”，而不是“表面花哨”。

自建农业合作社也许并不是解决粮食问题的根本途径，产业化的大生产最终才是永恒的主导。在这一点上，所有人都发现了巨大的商业机会，并把眼睛瞄向那些收入丰厚的中年和壮年人士。商家会不断地告诉这些消费者：挣钱就是为了花的，特别是拿钱买命，值！

有机、绿色和无公害食品是很大的一块市场。在国外的沃尔玛，食品货架上经常可以看到“有机货”，由于品种丰富，价格已经降到仅比普通农产品贵30%左右。美国的Whole Foods超市是有机食品专卖超市，门口的停车场常常是车满为患。

从全球市场看，有机食品市场增长并不算特别迅猛，每年保持着20%～

30%的总体增长。但是,由于国内巨大的市场落差,以及各种众所周知的原因,尽管这一市场还面临着鱼龙混杂的乱象,但我们还是有信心迎来这个产业在近期的超高速发展。

一个更有趣的现象是,在国外,有机已经不仅限于食品了,还包括服装、香皂、梳子、精油等,总之,可以在超市里发现任何有可能和身体接触的产品都被"有机"了。这也将是未来在中国有可能出现的现象,至少在服装、洗浴用品、草本化妆品方面都是有可能的。

4. 巨大的营养保健食品市场已经出现

据不完全统计,2010 年全球营养保健食品市场已经超过了 3000 亿美元,是有机食品的 3 倍!美国超市里贩卖的营养保健品数量绝对远超中国超市,货架上各种保健产品一应俱全。仅安利一家,销售额就突破了 92 亿美元,而营养保健品正是安利的主打产品。

就在一些公益组织把鲨鱼贸易的矛头指向鱼翅的时候,殊不知西方世界却在积极地消费着鲨鱼软骨素,这已经成为一些运动员和老年人保护关节的重要保健品。在营养保健品领域,中医在中国市场的价值将变得至关重要,甚至有可能影响到全球市场。

5. 更专业更精致的母婴产品

当前,母婴产品已经闯入中国人的生活,并被人们广泛接受。在大中城市,从国外代购奶瓶、奶嘴、奶粉、母乳泵、各种小器具甚至婴儿车,已经蔚然成风。

不过,如果去国外的母婴用品商店逛一圈,你一定会为那里丰富的商品感到震惊。更让人震惊的是,很多商品上写着"Made in China",但这些商品在中国市场却从未出现过。而且,如果你要在北京找到一家商品比较齐全的母婴用品商店,还是很困难的。

仅中国的母婴产品市场,全年市场规模保守估计也在 2000 亿元人民币以上,母婴产品已经造就了"红孩子"这样的电商渠道。但是,由于实业界还缺乏强有力的竞争者,中国的母婴产品市场还没有被催化起来。从另一个角度讲,这是一个巨大的潜在市场!

母婴产品市场揭示了中国消费市场一个普遍的现象:过于重渠道,而轻品牌。但是,在弹性市场中,渠道不是王道,品牌和扎实的客户关系才是王道。既然消费者购买弹性需求产品的目标就是要改善自己的生活品质,当然要认品牌,多花点钱都不怕,还怕多跑点路吗?

所以,无论是家纺产品、家居用品、化妆品,还是有机食品、营养保健食品、母婴产品,都有理由成为商家未来的开拓重点。但真正要想把这个市场做起来、做成熟,品牌和扎实的客户关系必不可少。

**思考题:**你认为哪一类市场最有前途? 如何切入?

## 本章小结

市场调研是市场营销策划工作的基础和前提,企业以此为依据制定具体策划方案,做到有的放矢、减少失误,从而将风险降到最低。

市场细分是企业依据消费者需求的差异,把某一产品或服务的整体市场划分为若干个消费群,并分别制定营销策略的过程。企业可以根据细分市场的吸引力程度进入一个或多个细分市场。目标市场即企业选择进入的一个或多个细分市场。

营销战略是指企业为实现经营目标,对一定时期内市场营销发展的总体设想和规划。营销计划是营销管理者在某一时期内对整个营销活动的规划,是实施营销战略的路径图。通过营销计划使营销战略变得可行,也是营销战略分解细化的过程。

顾客是那些登门购买商品,有消费能力或潜在消费能力的人。了解顾客的需求有助于发现新的市场机会、引导消费。顾客必须具备购买动机才会做出购买决策、产生购买行为。企业必须深化客户关系管理,了解客户需求特征并进一步挖掘客户行为模式。

# 第四章

# 营销策略

## 学习目的与要求

掌握常见营销策略的类别与主要手段，包括产品策略、服务策略、价格策略、品牌策略、促销策略等。

## 关键词

产品；服务；价格；促销

## 课时

建议 18 课时。

## 导入案例

### 家居卖场元旦促销抢客

今年元旦为了吸引人流,广州的家居卖场可谓是使出了浑身解数。据了解,各大卖场都以不同名义在假期进行促销。如马会家居就推出2013特惠盛典年度优惠活动,除各大品牌的促销活动外,部分家具还有低至6折的优惠。在场内,不少品牌都加入到了6折优惠的行列。如丹特衣柜在元旦期间就以6折低价销售,并且推出了满1万元送标准鞋柜的优惠活动。而位于欧亚达家居黄石店的元旦促销战从去年的12月29日就正式打响,号称全场建材家具为全城最低价。在场内,记者发现新开业的欧迪斯欧亚达家居店全场折扣优惠达到了5.8折,而迪诺雅也推出全场6折优惠活动。

除了折扣以外,更有卖场直接以现金作为吸引客源的手段。家盛美居在元旦3天期间,就推出了买家具送现金的活动。现场的销售人员告诉记者,此次活动联合了几乎场内所有的家居品牌,凡是在商场内消费满1万元的客户就可以得到500元的现金,消费满2万元的客户,现金则增长1倍为1000元,以此类推。

此外,像幸福家居、百家居、吉盛伟邦、好运来国际家居广场、红星美凯龙等卖场都纷纷加入元旦折扣优惠的行列。有业内人士向记者表示,尽管今年元旦广州各大卖场折扣优惠的场面没有去年那么厉害,但为了吸引人气打响新年第一炮,“低价”仍是家居卖场最重要的手段。

事实上,不仅是广州,包括珠三角城市甚至全国各地的家居卖场在今年元旦推出的优惠促销力度都不小。在深圳的红星美凯龙、乐安居、百安居等多个家居建材卖场的促销优惠气氛也非常热烈。甚至有卖场的工作人员称,元旦3天价格优惠至少比平时再降三成,部分商品甚至是低于出厂价销售。

资料来源:2013年1月11日《南方日报》。

对卖场而言,完成营销策划准备之后,就要根据市场状况确定具体营销策略,明确以什么手段吸引顾客、战胜竞争对手。

## 第一节　产品策略

### 一、产品概念

产品策略是最常见的营销策略,能直接满足消费者需求,具有直观性,往往最能吸引消费者的关注。这里的产品是一个整体概念,是指企业向市场提供的、能满足消费者或用户某种需求或欲望的任何有形物品和无形服务。包含与产品或服务自身有关的其他属性,如产品的质量、包装、附带说明书、售后服务、维修和零配件供应等。

卖场只有在掌握了消费者出于什么原因、什么目的去购买产品,才能制定出有针对性的营销方案。目前的卖场营销大多是以消费者为导向的,根据消费者的需求来制定产品策略,但仅仅如此是不够的,要通过对消费能力、消费环境的分析才能使整个营销活动获得成功。脑白金产品能够畅销多年,从它间断的广告和广告语中就能看出端倪:过节不收礼正是利用了国人在过节时爱送礼的特性,而作为保健品,两个活泼老人的形象在无形中驱使晚辈在过节时选择脑白金,相信如果换成两个年轻人说广告语,影响力就会下降很多。

产品组合是指企业经营和销售的全部产品的组成方式,通常包括若干产品系列,每个系列又包括若干产品项目。对卖场而言,产品组合就是指商场经营的全部商品结构,即各种商品线、商品项目和库存的有机组成方式。每一类商品就是一条商品线,如服装卖场中有西装、衬衫、护肤品等许多商品线。

商品组合宽度是指各种商品的配制深度,商品线中款式的多寡(如不同的性能、尺寸、规格等构成商品深度)。

商品组合高度是指陈列商品的库存量(注:现在卖场压缩库存量的趋势

越来越明显,即组合高度下降)。

卖场经营的主要商品线包括:

目标型商品线。即指消费者目的性购买的商品,如洗发水等。

常规型商品线。即指消费者常规性购买但价格敏感性较低的商品,如卷纸等。

季节性、偶发型商品线。即指消费者季节性、偶发性购买的商品,如啤酒等。

便利型商品线。即指提供消费者日常购物便利的商品,如喉糖等。

卖场应按产品特性与消费者购物习惯进行市场细分,建立适当的商品线。其作用包括:

(1)按照消费者购物习惯分类,有利于设计货架陈列及采购管理。

(2)有利于建立高效的产品管理、品牌管理体系:在空间投资与库存投资有限的前提下,用尽可能少的产品覆盖尽可能多的市场份额,以提高产品组合效率。

(3)易于进行市场细分,确定细分市场的营销策略。

(4)易于研究消费者需求,建立高效产品组合。

(5)易于规范采购、运作人员的责任,提高管理效率。

(6)易于进行经营分析,优化产品组合。

案例

## 在百货商品线中品牌的最佳组合

| 项目 | 高档品牌 | 中档品牌 | 普通品牌 |
|---|---|---|---|
| 数量占比 | 30%左右 | 40%左右 | 25%以下 |
| 主要特征 | 形象和品位及增长率 | 销售额和人气指数 | 调整对象和选择空间 |
| 销售占比 | 50%左右 | 40%左右 | 10%左右 |

## 二、产品生命周期

销售是通过商品满足消费者的需求,而消费者对商品的需求主要是通过商品的“功效”和“价格”两个因素来实现。因此,为消费者提供“品种齐全、价廉物美”的商品是卖场的首要原则。

不断优化品种结构,保证价格优势,提升所经营商品的竞争力,是卖场首要的基础工作。卖场要经常分析产品有没有出现“老化”,有没有竞争力,产品组合是否合理,形象产品、利润产品、走量产品及阻击产品是否畅销,能否稳固市场。为此就要根据产品生命周期理论对具体产品进行判断。

产品市场生命周期是指产品从进入市场开始,直到最终退出市场所经历的市场生命循环过程。典型的产品市场生命周期包括四个阶段,即导入期、成长期、成熟期和衰退期。其生命周期表现为一条近“S”形的曲线(见图4-1)。

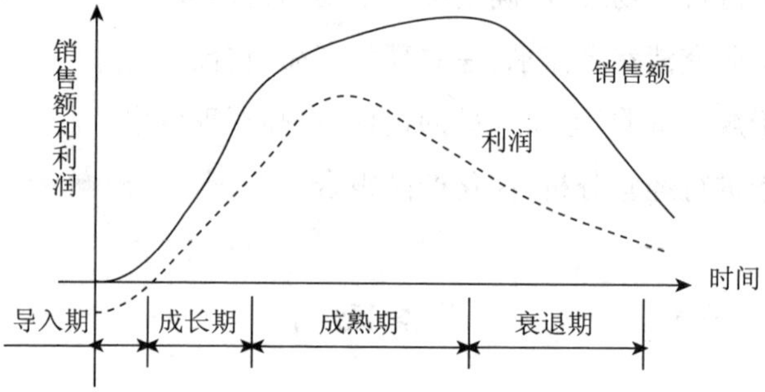


**图4-1 产品生命周期**

典型的产品市场生命周期的四个阶段呈现出不同的市场特征,企业的营销策略也应根据各阶段的特征来制定和实施(见表4-1)。

### (一)导入期

营销策略的重点要突出一个“准”字,即市场定位和营销组合应准确无误,符合企业和市场的客观实际。为此,可选择以下策略:

(1)快速掠取策略:利用品牌效应或信息不对称,以高价迅速获取利润。

(2)缓慢掠取策略:维持产品高端地位,高额利润。

(3)快速渗透策略:以低价或有诱惑力的服务吸引购买,迅速扩大市场。

(4)缓慢渗透策略:以产品或服务本身吸引购买,缓慢进入市场。

### (二)成长期

营销策略的重点应放在一个"好"字上,即保持良好的产品质量和服务质量。为此,可选择以下策略:

(1)改善产品品质:不断提升产品性能及品质,吸引顾客追捧。

(2)寻找新的细分市场:寻找新市场,争取新顾客。

(3)改变广告宣传的重点:使顾客忽视产品的不足或缺陷,关注产品的其他方面。

(4)适时降价。

### (三)成熟期

营销策略的重点应突出一个"争"字,即争取稳定的市场份额,延长产品市场寿命。可实施"三个改进"策略:改进市场、改进产品、改进营销组合,以此维持销量和市场地位。

### (四)衰退期

营销策略的重点应突出一个"转"字,即有计划、有步骤地转移阵地。为此,可选择以下策略:

(1)集中策略:集中资源经营个别种类产品,维持其竞争地位。

(2)维持策略:保持原有经营方式,适当降价促销,直至确定转型。

(3)榨取策略:维持原有定价以确保利润,直至彻底淘汰。

(4)放弃策略:放弃产品经营,转而经营其他产品。

**表 4-1 不同产品生命周期阶段的营销特点**

| 项目 | 导入期 | 成长期 | 成熟期 | 衰退期 |
|---|---|---|---|---|
| 销售量 | 低 | 剧增 | 最大 | 衰退 |
| 销售速度 | 缓慢 | 快速 | 减慢 | 负增长 |
| 成本 | 高 | 一般 | 低 | 回升 |
| 价格 | 高 | 回落 | 稳定 | 回升 |

续表

| 项目 | 导入期 | 成长期 | 成熟期 | 衰退期 |
|---|---|---|---|---|
| 利润 | 亏损 | 提升 | 最大 | 减少 |
| 顾客 | 创新者 | 早期使用者 | 中间多数 | 落伍者 |
| 竞争 | 很少 | 增多 | 稳中有降 | 减少 |
| 营销目标 | 建立知名度<br>鼓励试用 | 最大限度地<br>占有市场 | 保护市场争取<br>最大利润 | 压缩开支榨取<br>最后价值 |

## 三、产品策略

一般卖场运营的商品达到上万种，但并不是每一种商品都适合在某一时段内开展营销活动。卖场在挑选参与活动的商品时应思考以下几个要素：商品的可获利性，即商品的预计销售额；竞争对手的营销力度；出售速度；供应商的支持程度；消费者的接受程度。

### （一）参与营销活动的商品选择

1. 节令性商品

节令性商品具有消费的时令性，在某些节日或季节消费量较大，如节日礼品、食品、服装等，必须抓住时机及时参与活动，以吸引消费者。

2. 敏感性商品

敏感性商品一般属必需品，市场价格变化大且消费者极易感受到价格的变化，如鸡蛋、大米等。选择这类商品参与活动，在定价上不妨稍低于市面价格，能很有效地吸引更多的消费者。

3. 众知性商品

众知性商品一般是指品牌知名度高、市面上随处可见、容易取代的商品，选择此类商品参与活动往往可获得供应商的大力支持。卖场的营销活动应与大众传播媒介的广泛宣传相结合以扩大影响，如化妆品、保健品、饮料、啤酒、儿童食品等。

4. 特殊性商品

特殊性商品主要是指超市自行开发、使用自有品牌、市面上无可比较的商品，这类商品参与活动主要应体现商品的特殊性，价格不宜定得太低，但应注意价格与品质的一致性。

无论选择何种商品参与活动都应牢记两个要点：①选择消费者真正需要的商品；②能给消费者带来实际的利益。

### （二）完善产品组合的方式

为有效挑选参与活动的产品，必须完善产品组合策略，确定每个品类商品在整体卖场经营中的角色。为此就要根据各个品类特性细分消费者市场，明确品类经营战略定位，采用不同的营销手段以发挥整体优势，提高超市整体营销效率。具体方式包括五种：

（1）扩大产品组合。同质化趋同的卖场要实现主题化、多元化经营，可尝试打造小众化的消费空间，引进一些独有的商业品牌。此外，在空间设计上要讲求风格化，进行相关的服务再造。

（2）缩小产品组合。为争取特定顾客，减少经营商品种类，便于顾客感知特定商品与服务，开展针对性营销活动。

（3）高档产品组合。扩大高档商品种类，吸引高端顾客。

（4）低档产品组合。扩大低档商品种类，吸引低端顾客。

（5）改良产品组合。改善高、中、低档商品种类比例，吸引各种类型顾客。

### （三）完善产品组合的关键

（1）商品品种新。要根据市场的变化，经营能体现消费者独特生活追求和审美情趣的个性化商品。

（2）商品款式新。要紧跟商品更新的步伐，把最新和最好的款式展现给消费者，引领潮流。

（3）商品大类新。要及时引进能反映最新科技成果、体现时尚、引导消费的新商品。

### （四）完善产品组合的主要益处

（1）带动客流量，吸引消费者进店购买。

（2）提高购物金额，提高消费者一次消费金额。

(3)提高利润额,获取高额利润。

(4)提高现金收入,高频率重复性购买。

(5)刺激额外收入,季节性、冲动性购买。

(6)提升卖场形象,达到新奇、独特,具有格调。

(7)维持卖场经营,维持高忠诚度消费者。

案例

## 华堂商场的产品促销

华堂商场的促销原则之一就是把钱花在刀刃上。在京城商场第一次现场宰杀金枪鱼并且进行拍卖,这一举动着实让华堂商场露了脸。

2011 年 9 月 12 日中秋节上午 10 点半,华堂商场亚运村店地下一层超市人声鼎沸,一条重约 100 公斤的冰鲜蓝鳍金枪鱼出现在鲜鱼卖场。这是商场食品部为增添节日气氛、拉动销售特别策划的超人气活动。

蓝鳍金枪鱼是金枪鱼中体型最大的品种,生长最慢,肉质鲜美,是制作生鱼片和寿司的上等食材。被宰杀的金枪鱼长 1.6 米、重达 100 公斤,是当日凌晨从日本水产市场购买后空运而来,途中采取了严格的保藏措施。

宰杀现场人头攒动、气氛热烈。顾客在目睹了专业人员现场分割金枪鱼后,还免费品尝了最为鲜嫩、最适合做刺身的鱼腹肉。之后,一份由价值千元的鱼腹肉和重达 1.5 公斤的米饭制作的超大寿司以 1 元起拍卖,现场众多顾客展开了激烈的竞拍,最终一年轻男子以 410 元拍得。蓝鳍金枪鱼按不同部位制定不同价格,顾客纷纷选购,回去与家人分享,仅 2 小时即销售了 3000 多元。此事经首都新闻单位进一步渲染,使华堂商场的金枪鱼促销活动大获成功。

# 第二节 服务策略

## 一、服务内容

消费者不仅看重产品或服务给他们带来的功能利益，更重视在购买产品或服务过程中获得的符合自己心理需要和情趣偏好的特定服务。人们更看重的是消费质量、消费感受及体验服务的过程。在产品性能和价位相同的情况下，服务成为关键的价值决定因素，成为消费者做出购买选择的依据。具体而言，产品特色、服务软硬环境、服务的便利程度、产品和服务信息宣传传递流程、营销手段等形成的整体印象，决定了消费者的购买选择。

卖场要体现对消费者服务的差异性、形成独具特色的竞争优势，就必须从努力改进服务、提高服务质量和服务水平着手；还要从呵护消费者心理、使消费者感动方面着手，让消费者感受到其受到尊重。只有这样，才能使营销进入一个新境界。

对卖场来说，让顾客享受标准化的服务对促进营销具有特殊的意义，如大大节省促销费用，建立企业的差异优势，增强顾客对企业的信心等。卖场要做的是在适当的时间和地点以可接受的价格和按顾客希望的方式提供服务，把握住“真实的瞬间”，即卖场与顾客接触的时间，并设法把“真实的瞬间”演变为“精彩的瞬间”。在接待顾客时彰显对顾客的尊重和理解，传递微笑和感谢。

### （一）卖场为消费者服务的内容

1. 提供方便的服务

要让消费者在购物过程中始终感到方便，容易寻找到商品，自由地挑选商品，实现在方便的时间和地点购物，等等。营造舒适的卖场环境，包括灯光、道具、媒体广告、POP、DM 单页等以及动线的合理设计，使消费者减少无意义的闲逛，把更多的注意力集中在促销的商品上。

2. 销售人员的接待服务

消费者产生购买欲望后，不一定会立即购买，可能还要进行比较、权衡，直到对商品充分信赖，才会做决定。这个过程中，销售人员对商品特性的介绍显得尤为重要，这就要求销售人员了解商品及其功能等。销售人员在与消费者接触和交易的过程中，要以热情的态度欢迎消费者，一视同仁地接待消费者，诚恳、耐心、周到地为消费者的购买提供服务，让消费者乘兴而来、满意而去。提高销售人员服务水平对卖场营销具有特殊价值，可以让消费者在有限的空间、特有的时间内流连忘返，留下深刻印象，为培养“回头客”而做出有效的铺垫。

3. 提供特殊服务

对有特殊要求的消费者提供服务，如包装邮寄、婴儿临时照看所、咖啡屋、休息室等，帮助消费者解决暂时的困难，从而使消费者能顺利实现和完成购物活动。

### （二）员工为消费者提供销售服务的细节

（1）在营销服务理念上，销售人员要抛弃简单的商品买卖交易关系，真正地做到以顾客为中心。

（2）自然地微笑服务，不要添加做作的颜料，以真情的服务亲近顾客，以朋友般的友善给顾客提供适时的服务。

（3）销售人员要仔细观察、揣摩顾客的消费心理，将顾客真正需要的商品耐心、仔细地推介给顾客，并做好交付流程。

（4）服务要热情，但不要过度热情。过犹不及，避免跟踪式的紧贴服务让顾客感到不自在。

（5）对待买和不买的顾客，特别是刁难的顾客，销售人员都要温颜相待、表里如一，以争取他们再次惠顾。

（6）遇到商场进行促销活动时，销售人员要熟知商场的促销活动，明白自身销售的商品能够参加什么活动，然后简明扼要地告知顾客，一定避免为了获取商品销售，而向顾客夸大宣传，给顾客虚假承诺，结果顾客参加活动时却未能享受额外利益。这既损害了商场形象，也让顾客对销售人员本身的服务质量产生抱怨。

(7)遇到顾客疑问或退货时,销售人员要友善解决,争取顾客的理解和支持,提升他们下次来消费的信心。

卖场的综合服务水平决定顾客的满意度。这也是卖场能否让顾客成为“回头客”的关键所在。所以,卖场提升服务水平不单是依靠营销部门抓营销,也应是各部门整合联动的综合过程,目的是使顾客在达到满意的同时“制造”出更多的“回头客”。

## 二、会员服务

从卖场实际情况来看,往往30% ~40%的顾客会成为卖场70% ~80%的利润来源,而这部分顾客又往往具有不同消费背景和需求,为了形成稳定的客户关系,卖场应通过有效的后续服务措施,维护不同特点顾客的客户关系。

事实上,如今的卖场经营已从单纯的经营商品延伸为经营顾客和经营服务,而服务的主体也是顾客,所以必须要加强顾客关系管理。目前,很多卖场都在实行会员制管理,发行了大量的会员卡。但是,由于会员营销策略的单一,各卖场的会员政策过于趋同,如会员基本资料的管理、会员折扣优惠管理、会员积分返利管理、会员消费管理、会员分析等,造成顾客的忠诚度并不高,没有达到理想的效果,并且睡眠卡用户较多。如何用好、经营好这部分群体,做好差异化服务对于卖场经营是一个大的挑战和难题。

要做好会员顾客的服务,应该从细节入手,在顾客身上做文章,强化亲民路线,加强关注顾客的日常生活信息动态并积极引导,注重与顾客的沟通联系,通过问卷调查、会员沙龙、户外采风、贵宾体验日、精品推介会、会员直销、新品畅销推荐等活动形式和顾客形成亲密接触,从中了解且满足顾客的消费需求,并加以积极引导。为此,要重点做好以下几个方面:

第一,应该尽量保证会员资料的准确性。目前大多数卖场的会员资料不够准确,也不够完整。多数会员只是在办卡时随便填写了一下姓名等少量的信息,而且再也没有更新过。准确而完备的会员资料是进行会员个性促销、会员消费分析的基本依据，其重要性应该引起卖场的充分重视。

第二，对会员实行生命周期管理。相当多的卖场只是一味地发展新会员，没有对会员进行升降级和淘汰管理。这样的会员管理不能集中企业的有限资源为高端顾客提供优质的服务，而是将有限的资源平均给了所有会员。不断增加的会员数据量，也给企业信息系统带来巨大压力，降低了系统效率，提高了维护成本。例如，对时限过长未维护的会员应进行单个联系，以获取会员的后续消费价值。

第三，为会员提供个性化服务、进行个性化营销是会员管理的根本任务。要通过对交易信息和会员信息的大量积累，从中提取有价值的情报，洞悉消费变化规律，想在顾客前面，做到顾客心里。对每一类顾客或每一个重点会员采取点对点的关怀行动，让顾客感受企业的用心。常见的做法是将顾客分为高端客户和一般客户。高端客户有较强的品牌认知能力，品牌忠诚度也高，对服务品质的要求也较高，对售后服务也有着诸多要求。因此，对高端客户需要提供主动服务，以获取客户持续好感。此外，建立特殊团队为高端客户进行售后服务，此类客户虽然对商品的要求非常苛刻，但是消费个体对周围消费人群的产品宣传力度也非常大，卖场可以将此类客户关系维护类比为营销渠道，通过为其提供的服务带来更多客户。

第四，充分利用信息系统，对历史数据进行全面分析。对不同类型的会员采取差异化的营销策略，将会员管理和促销手段结合起来。差异化是维持客户关系的关键举措，差异化的服务将成为企业提高客户关系、扩大利润来源的重要举措。

第五，充分利用各种信息手段，全面拓宽会员关怀的渠道。

第六，通过联名卡的形式，拓展会员的发展渠道。

案例

## 如何保持 VIP 顾客的忠诚度

各大商场都在做 VIP，但绝大部分 VIP 卡的功能仅为积分返利、打折或享受一些其他优惠，如积 10000 分返 100 元购物卡、5 倍积分、VIP 顾客来店礼等，VIP 顾客对此已经失去了新鲜感。有什么新方式能保持 VIP 顾客忠诚度并激活其淡季消费热情呢？

F 商场通过对 VIP 顾客的购物行为进行分析，发现 5 万名 VIP 顾客中，竟然有 5000 名在半年内没有购物记录，于是，客服人员便对这 5000 名 VIP 顾客进行长达 1 周的电话访问与消费调查，从中找出问题所在，立即着手制定了相关整改措施。结果，1 个月后，这 5000 名顾客中有 1000 名左右又重新有了消费记录。

F 商场对 VIP 顾客的购物习惯及个人情况进行分析汇总，划分出驴友旅游组、音乐文艺组、单身组、中老年组等类别。全年度开展了如“购物满 ×× 元，畅游 ××（旅游景点）”的全年性旅游活动，商场与旅行社、驴友组织、登山协会等合作，基本实现零成本营销，而商场又借此可以向爱好旅游的 VIP 顾客推荐促销活动并组织运动休闲产品预售，效果显著；对于爱好音乐的 VIP 顾客，商场在夏季组织其开展歌王争霸赛、快乐女声选秀、明星歌友会等宣传活动；商场为单身的 VIP 顾客开展万人单身情侣大派对、八分钟约会等活动；商场针对中老年 VIP 顾客开展了知识讲座、门球赛等，效果均十分明显。

VIP 顾客的争夺与攻心战，是目前各大商场保持忠诚客源的有力措施，只有对 VIP 顾客进行合理的分类，并针对不同类型的 VIP 顾客实施不同方式的营销攻略，方能以个性化的手段获得成功。商场注重对商品品种进行细分，那么针对顾客，也应有性别层、年龄层、爱好层、需求层等人群细分，针对不同群体开展形式各异的营销活动以满足不同类型顾客的实际需求。

# 第三节 价格策略

## 一、价格组成

对消费者而言,价格往往是最引人关注的商品属性,也是卖场是否吸引人的重要因素。定价对于卖场而言具有重要意义,直接决定产品销售是否顺畅以及利润空间,尤其是中小企业或者新产品需要有较高的利润空间支撑自身的生存发展。

通常产品的价格由生产成本、流通费用、税金和利润四个方面构成,用公式表示为

产品价格 = 生产成本 + 流通成本 + 利润 + 税金

影响定价的主要因素有六个方面:

(1)市场需求及变化。市场对某种商品或服务需求大,则价格可以随行就市定得较高;反之则较低。

(2)市场竞争状况。市场竞争越残酷,价格战越激烈,价格就越低;反之则较高。

(3)企业状况。企业经营状况越好,越着眼于长远市场,越可能实行薄利多销政策。

(4)产品特点。与产品生命周期有关,新品价格一般较高。

(5)成本因素。策划人员必须详细了解企业的经营成本,很多企业因为没有控制好经营成本而陷入财务困境,一旦成本大于收入,必致倒闭。

(6)其他因素。包括企业短期收支、心理定价等。

定价目标是指企业通过制定和实施价格策略所希望达到的目的。主要包括以利润为导向的定价目标、以销售为导向的定价目标和以竞争为导向的定价目标。

## 二、定价方法

卖场总体价格策略的选择依据：

(1)目标市场消费者特性。依据消费者对价格的敏感程度制定价格，区分价格敏感商品与非敏感商品。

(2)竞争对手的价格策略。依据竞争形势、竞争对手特点和具体价格来定价。

(3)卖场总体营销定位。依据卖场定位角色与营销战略制定价格，单品定价要与总体卖场形象相符。如高档商场定价策略的核心是“就高不就低”，通常以优质高价取胜。

(4)卖场总体利润目标。依据卖场总体利润目标与预估销售总额，确定单品价格。

### （一）常见定价方法

1. 成本导向定价法

卖场在确定商品价格之前，要计算出自身为顾客提供商品或服务所产生的成本。

(1)成本加成定价法。这是最常见的成本导向定价法，即按商品单位成本加上一定比例的毛利，定出零售价。商品不同，加成比例也不同。美国一般百货商场的零售价加成比例为：烟草类约 20%，照相机约 30%，服装约 40%，女帽约 50%。这种计算方法很简便，但忽视了竞争与需求的反弹影响。

(2)收支平衡定价法。即按卖场预估经营成本，倒推出商品单位成本，定出零售价。

2. 竞争导向定价法

除考虑成本外，还要了解当地同类商品或服务的价格，以保证定价具有竞争力。竞争对手也许会压低价格反击，如果卖场定的价格比竞争者的高，就必须要保证能更好地满足顾客的需要。卖场应随时关注竞争者的价格并与之比较,以保持自己价格的竞争力。

(1)随行就市定价法。依据竞争者的价格来定价,可相同,也可高或低。价格调整主要看竞争者的价格是否变动,随市场定价。这种方法可在竞争中减少风险,并协调同行业间的关系。

(2)追随领导者企业定价法。追随领导者企业,定价略低以保持竞争地位。

3. 需求导向定价法

需求导向定价法是指根据顾客的特点与消费能力定价。

(1)理解价值定价法。该定价法是指根据顾客对产品价值的理解和需求强度来定价。如百货商场由于附加服务和环境气氛为商品增加了价值,其商品价格可以高于小商店。另外,百货商场可以对一些世界知名品牌商品实行高价策略。

(2)顾客细分定价。将同一种商品或服务,以不同价格销售给不同的消费群。

(3)商品形式定价。不同的花色、式样,定价不同。

(4)形象定价。对不同包装的商品,制定不同的价格。

(5)地点定价。不同销售地点定价不同,豪华型百货商场的商品价格要高于普通型百货商场。

(6)时间定价。不同时间定价不同。如国外的自动降价百货商场。

4. 新商品定价策略

卖场对新商品定价,有高、中、低价位三种选择。

(1)撇脂定价:取高价。原意是指取牛奶上的一层奶油,含有捞取精华的意思。卖场可对新上市的商品实行高价,待大规模上市后可选择放弃经营或实行低价。这种策略要求新商品品质和价位相符,顾客愿意接受,竞争对手短期内不易打入该商品市场。

(2)渗透定价:取低价。与撇脂定价策略相反,在新商品上市初期把价格定得低些,待商品渗入市场,销路打开后,再提高价格。

(3)合理定价:取中价。这是介于撇脂定价和渗透定价两者之间的定价策略,即价格适中,不高不低,给顾客留下良好印象,有利于招徕顾客。

5. 心理定价策略

根据顾客的购买心理定价是卖场的重要定价策略。

(1)尾数定价法或称奇数定价法。即不以整数定价,让顾客产生便宜的感觉。心理学家的研究表明,价格尾数的微小差别,能够明显影响消费者的购买行为。一般认为,5 元以下的商品,末位数为 9 最受欢迎;5 元以上的商品末位数为 95 效果最佳;百元以上的商品,末位数为 98、99 最为畅销。尾数定价法会给顾客一种商品价格是经过精确计算的、最低价格的感觉;有时也可以给顾客一种是原价打了折扣,商品便宜的感觉;同时,顾客在等候找零期间,也可能会发现和选购其他商品。

(2)整数定价法。即按整数而非尾数定价。整数定价会抬高商品的价值,卖场可对名牌商品采用此法。

(3)声望定价法。即按照卖场的经营状况对某些商品定高价,以满足顾客的名气需求心理。

(4)招徕定价法。即对几种商品实行微利或亏本的牺牲价,以招徕顾客,连带性地推销其他商品。

### (二)价格策略制定应避免的误区

(1)采用代销经营方式,由供应商定价以降低风险。

(2)所有品类、单品采用统一的利润幅度以简化管理。

(3)所有商品定价全年一次性完成。

(4)所有商品的价格都要比竞争对手便宜。

(5)促销定价一律采用打折的办法。

如果卖场销售一般,特别是需要推动销售的商品利润空间偏低,利润不够,是非常危险的。如果遇到这种情况,就要用新商品和新包装或者商品升级进行置换。

## 三、降价策略

降价是最常见的短期促销手段,它作为一种营销策略有其客观必然性。

其主要功能就是可以在短期内使更多的消费者接触到产品，并产生购买行为。它是卖场实施差异化战略，形成商场核心竞争力的有效手段之一。

降价不能扭转淘汰商品销售量下滑的趋势，也不可能吸引大量新的消费者，或像免费使用、兑换券及赠品促销那样吸引消费者。尽管如此，降价还是会得到消费者的强烈支持，消费者从中得到实惠，开始或者继续忠实这一品牌，形成多次购买模式。这将激励销售人员，获取供应商的支持。卖场要有效利用这一点，使降价手段发挥其作用。

### （一）降价的规律与技巧

1. 降价要"师出有名"

无论是降价还是其他形式的手段促销，卖场都应当有一个说得过去的理由，这样才能给消费者足够的吸引力，而且在活动前给消费者更多的联想空间。过多次数与过大幅度的降价会产生负面影响，让消费者觉得商品质量有问题等，反而不敢购买。卖场在降价标签或降价广告上应注明降价前后的两种价格，或标明降价金额、幅度；有的卖场会把前后两种价格标签挂在商品上，以证明降价的真实性。

2. 降价时机的选择对促销效果影响极大

通常来说，如果一家企业能够维持一段时间的独自高利润，那么这个行业陷入恶性价格竞争的可能性就越大。对于许多促销手段而言，降价促销无疑是最直接有效刺激消费者消费的方法。

3. 避免降价损形象

需要卖场注意的是，如果商品正处在生命周期的导入期，不要随意降价过多，否则就会给以后的销售带来巨大的隐患。如果商品刚一上市就忙着降价，势必让消费者形成固有的低价印象，日后再恢复原价时就会让消费者难以接受。在这一点上，普通品牌商品和知名品牌商品是不能相提并论的，因为知名品牌商品具有相对较强的价格提升能力。

4. 提防竞争对手反击

卖场进行降价促销，极易造成竞争对手采取同样手段反击，所以卖场应该预留后招,包括更大幅度的降价、特有商品与服务的推出等。

### （二）合理运用降价策略

卖场应合理地运用降价策略,使其既能真正吸引消费者,提升企业形象,又能在不违背有关法律法规的前提下实现企业目标。卖场应在降价前进行详细的策划,以服务于企业的总目标为目的,且应考虑到降价的范围、程度、时机(如节假日一般是降价的最好时机)、降价的频率以及方式等因素。

1. 降价促销要有良好的铺垫

在降价促销之前,良好的宣传是不可缺少的,要让消费者意识到,降价促销的目的是奖励现有的客户,让消费者受惠。

2. 要注意降价的频率

卖场不能用持续不断的降价来招徕客户,因为这样会使消费者误以为正在减价促销的商品所谓的“优惠价格”就是该商品的通常价格。少数几种商品大幅度降价,比很多种商品小幅度降价促销效果好。每种商品每年至多只能进行几次降价促销活动。

3. 要注意降价的幅度

其实降价活动成功的关键并不是降价力度问题,如何让消费者感觉到自己获利才是关键。拿服装来说,有很多不知名的品牌降价到 2 折、3 折,仍然不会让消费者感觉到超值,而高档名牌服装一般不打折,偶尔打 9 折、8 折,消费者都感觉占了很大的便宜。所以,卖场降价幅度不是越大效果就越好,而是要根据品牌的价值,给商品的降价制定一个合理的范围。切记任何超出合理范围的让利不但会降低商品的利润,更会伤害品牌的信誉。

### （三）常见降价方案

卖场商品定好基本价格后,一般可采取折扣方式进行降价。主要形式包括:①现金折扣。在顾客进行分期付款购买时,卖场对提前一次付清的顾客给予一定的现金折扣。在促销活动期间,可实行现金折扣优惠。②数量折扣。卖场可根据顾客购买商品的数量给予不同的折扣。如买 1 送 1、买 10

送3等。③季节折扣。卖场对购买过季商品的顾客，可分别实行现金折扣和数量折扣。常见降价方案主要有六种。

1. 错觉折价：给顾客不一样的感觉

例如，“花100元买130元商品”实际等同打7折折价，但却告诉顾客这是优惠不是折扣货品。

2. 限时降价：让顾客蜂拥而至

例如，超市“10分钟内所有商品1折”，顾客抢购的是有限的商品，但客流却带来无限的商机和商誉。

3. 超值换购：舍小取大的促销策略

例如，“几款价值10元以上的商品以超值1元的活动参加促销”，虽然这几款商品看起来是亏本的，但却可以以连带销售的方式吸引顾客购买其他商品，结果利润反增不减。

4. 临界价格：顾客的视觉错误

例如，10元改成9.9元，这是普遍的促销方案。

5. 阶梯价格：让顾客自动着急

例如，“销售初期1~5天全价销售，5~10天降价25%，10~15天降价50%，15~20天降价75%”，这个自动降价促销方案由美国商人发明，表面上看似冒险，但却抓住了顾客的心理。对于商家来说，顾客是无限的，选择性也是很大的，这个顾客不来，那个顾客就会来。但对于顾客来说，选择性是唯一的，竞争是无限的，自己不去，别人还会去。因此，最后投降的肯定是顾客。

6. 折上折降价：给顾客双重实惠

例如，“所有光顾本店购买商品的顾客满100元可减10元，并且还可以享受8折优惠”的先降价再打折促销。100元若打6折，损失利润40元；但满100元减10元再打8折，仅损失28元，且力度上双重的实惠会诱使更多的顾客购买，由此带动销售。

# 第四节　品牌策略

## 一、品牌概念

品牌是用以识别销售者的产品或服务，并使之与竞争对手的产品或服务区别开来的商业名称和标志，通常由文字、标记、符号、图案和颜色等要素或这些要素的组合构成。品牌具有识别功能、保护功能、促销功能和增值功能。

按品牌的知晓范围不同，可将其划分为区域品牌、国内品牌和国际品牌。

按使用主体不同，可将其划分为制造商品牌和中间商品牌。

按品牌持续时间的长短，可将其划分为短期品牌、长期品牌和时代品牌。

对于卖场来说，自然希望自己销售的都是一些有着良好品牌形象和销售业绩的商品。当卖场销售的品牌能够有好的销售表现和品牌影响力时，不仅有助于该品牌的发展，也能间接提升卖场在公众心目中的形象，极大地降低卖场的经营风险，这也是为什么大卖场愿意给知名品牌和企业提供支持的根本原因。强势品牌与强势卖场合作带来的效果，能够极大增强卖场抵御风险的能力。

研究表明，中国消费者在购买大多数消费品时，通常会在多个不同的品牌中进行选择，往往很少忠于某个特定品牌。消费者在购物时经常会将两个竞争品牌进行对比，如果发现差别就会选择更适合自己的品牌；如果感觉没有差别就会徘徊于两品牌之间，不忠诚于任何一个品牌。因此，卖场策划的营销活动也必须从属于商品品牌特性，服从于商品品牌的传播策略，以提升商品品牌形象为根本原则。

## 二、品牌策略

商品品牌价值对卖场最直接的影响就是拉动卖场销售。沃尔玛的竞争策略之一是，依靠品牌商品销售带来人流，这部分品牌商品并不能为沃尔玛带来利润或仅带来微利，而以此来带动其自有品牌商品的销售，才是沃尔玛利润的主要来源。

但需要注意的是，品牌商品对销售的拉动需要一定的周期。也就是说，不是卖场一做宣传，销售量就会立竿见影地上升，而是存在一个时间上的周期。大体说来，卖场广告宣传投入一个月左右，对终端销售的拉动作用才能体现出来。卖场营销活动中的品牌策略主要包括：

### （一）品牌推广策略

品牌推广策略即配合所经营的品牌商品，与生产企业密切合作，实现共同发展。其中包括及时了解品牌的经营方针，依据品牌的特色和风格制定销售策略；了解周围竞争品牌销售情况，定时按生产企业要求提供市场信息；支持品牌生产企业在卖场举办公关推广活动。

### （二）卖场品牌策略

卖场营销活动应具有全方位的立体感受和认知，以商品促销为基础，自身品牌推广为先导，打出一套“组合拳”，这样营销活动才能收到比较理想的效果。营销策划方案在起草阶段就必须全盘考虑自身品牌的树立与形象塑造，其中包括作为营销活动组成部分的现场活动、商品打折或甩卖、媒体宣传策略等，要通过突出自身的整体形象来争取目标顾客。

### （三）自有品牌策略

自有品牌策略是指卖场利用已成功经营的品牌商品或自身的声誉，推出自有品牌商品。近年来，国内一些有实力的零售企业开发了自有商品品牌，经过市场的培育，有一些品牌已深入人心，得到认可。比如，上海开开百货商店的“开开”牌衬衫名列“中国十大名牌衬衫”；北京燕莎友谊商城也注册了燕莎商标，并开发了燕莎牌衬衫、箱包等自有品牌商品。

对卖场来说，开发自有品牌可以起到积极作用。卖场对自有品牌商品的控制力度较强，有利于扩大销售和获得利润。但是开发自有品牌要产生较多的产品开发和宣传费用，如果开发自有品牌对促进销售的作用较小，则会降低卖场的利润。

营销策划方案比较常见的缺陷是，要么过于关注品牌推广活动及实施效果，要么仅做商品促销。卖场品牌和商品品牌只有很好地结合起来，以相辅相成的形式进行推广和宣传，才能达到最佳的营销效果。舍弃或忽略任何一方面，都会使营销活动效果大打折扣，同时无形中浪费了一部分资源。一些卖场经常只做形式上的推广活动，如明星表演等，而无实质的商品促销活动，虽然吸引了客流但销售额始终无法有效增长；另一些卖场虽然在商品促销方面做了大量扎实的工作，但是由于不能很好地结合卖场品牌进行宣传，有效地吸引顾客，导致商品促销的效果也不够理想。

# 第五节　促销策略

## 一、促销形式

促销（Sales Promotion），也称为营业推广，是指企业为向目标顾客传递产品信息，促使目标顾客做出购买行为而进行的一系列说服性沟通活动，是市场营销组合的四个构成要素之一。美国市场营销协会定义委员会认为，促销是指除了人员推销、广告和宣传报道以外的，刺激消费者购买和提高经销商效益的种种企业市场营销活动。

### （一）促销的功能

1. 沟通功能

促销的要素是信息、说服与沟通，所以促销的本质是一种说服性的沟通活动。促销可以给顾客带来新鲜感，提升品牌忠诚度，加深对某商品品牌的印象，间接提升卖场品牌形象。

2. 销售功能

提高顾客购买数量和购买频率,鼓励大量购买以迅速提升卖场整体销售量,提高平均购物金额。尤其是促进老品、积压品清库,降低卖场库存。

3. 激励功能

带动客流量,争取潜在顾客尝试性购买,从而增强顾客的认知,扩大消费群体,产生额外的销售。

4. 竞争功能

提高顾客忠诚度,吸引竞争对手的顾客改变既有的消费习惯,打击竞争对手。

5. 协调功能

加强与供应商、媒体等的合作,协调彼此利益与立场。

### (二)促销管理流程

1. 设定目标方案

界定促销对象、激励方式和规模,选择具有足够吸引力的促销商品。参与促销的商品要根据市场特点、不同购买准备阶段、产品生命周期阶段、经济前景和其他营销因素来确定。

2. 制订促销计划

确定促销主题。促销主题应有创造性及口语化的特点,同时要规定条件、时机和时限,预算及分配,确定日期及进度等。具体包括促销品种组合、促销优惠组合、促销周期组合、促销时间组合,选择适宜的宣传媒体和送达方式等。

3. 实施促销计划

确定实施促销计划的人员;确定促销计划的总体安排和控制点。

4. 促销评价

对实施效果进行总结,确定是否达到预期目标。

### (三)促销活动的种类

促销活动按时间跨度可以分为三种。

1. 长期促销计划

选定一个促销主题来制定在全年不同时期的一系列促销活动，如全年节日促销计划等。

2. 短期促销计划

如新店开张、周年店庆的促销计划；配合社会性、政治性事件发生的促销活动。

3. 随机促销计划

随机促销计划带有偶然性，通常是根据往年的经验与教训，对可能发生的事件进行前瞻和预测后制订的计划。随机促销计划应力求保证随时可以调用执行。

### （四）促销的主要形式

1. 大型节假日促销

大型节假日促销包括但不限于元旦促销。如春节促销、元宵节促销、三八妇女节促销、端午节促销、建军节促销、中秋节促销、国庆节促销等。

2. 主题性促销

主题性促销是指针对某一品类商品或事件而组织专项性主题促销，包括但不限于：

（1）卖场重要节日的庆典促销，比如店庆周年促销等。店庆周年促销是连锁卖场主要的促销方式之一。通过店庆促销，不仅能迅速提高连锁卖场的营业收入，还能扩大卖场知名度、维系顾客关系，增强卖场的市场竞争力。店庆促销活动一般需要提前3～5个月进行筹划和准备，最佳促销活动时间安排在店庆日前10天开始进行。成功的店庆促销活动日平均营业额可达到平时日平均营业额的2～3倍。店庆促销营销策划中需要把握主题明确、宣传企业、概念出新、媒体跟进等要点。

（2）新店开业促销。

（3）厂商联合促销。与某一家或某一类品牌厂家联合开展活动，比如品牌推广周（月）、品牌特惠周（月）等。

(4)一般主题性节日促销。如情人节促销、3·15促销、5·17促销、父亲节促销、母亲节促销。

(5)卖场主打产品的主题性促销。如平板电脑节、智能手机节、家居用品节等。

3. 常规性促销

除了大型节假日促销和主题性促销以外,为了活跃现场气氛,围绕某一特定目的或市场应变开展的小规模促销,可称之为常规性促销。常规性促销主要包括以下几类(见表4-2):

(1)平常周末提升人气和销量的小型促销。

(2)应对竞争对手开业等促销活动的应对性促销。

(3)针对库存的专项促销。

(4)新品促销。

(5)针对该区域有重大活动或节日的借势性促销。比如,海南每年年底都会有一次政府组织的大型海南欢乐节活动,当地的很多卖场也会同期举办"××产品欢乐节",一直以来市场反响不错。

**表4-2 常见促销形式对比**

| 项目 | 满送 | 满减 | 积分卡大比例积分 | VIP卡折上折 |
|---|---|---|---|---|
| 目的 | 推升销售额、扩大客单量 | 折扣销售的变形、扩大客群、提高购买率、消化慢动销商品 | 让维护价格形象的品牌有参与营销策划的机会、让低毛利品类有参与营销策划的机会、推进二次销售 | 提高VIP客户体验,推进高毛利品类销售 |
| 前提 | 货量充沛、商品季节应季、POS系统完备、精确的财务计算 | 出现动销减缓的迹象、商品季中或季尾、供应商参与度高 | 增加顾客到店率及购买概率,提升自身口碑 | 增加专向折扣、增加战略品牌的体验度、增大顾客惊喜度 |
| 适合品类 | 女装、内衣、男装、童装 | 鞋、珠宝、钟表、男女服装、童装、运动装 | 化妆品、成衣 | 珠宝、成衣、家居 |
| 不适合品类 | 化妆品、珠宝、电器、数码产品 | 化妆品、电器 | 珠宝、大电器 | 大电器 |

## 二、人员促销

商品在卖场陈列只是实现销售的第一步，能够真正地实现从商品到货币的转换还要看卖场的最终销售状况，即销售人员对消费者的当面促销工作是否得当。有经验的卖场都会在营销活动期间合理安排销售人员，在销售现场实现与消费者的一对一促销，因为75%的消费者是受现场售卖氛围感染和导购人员的及时推介而做出购买决定的。

促销是通过促销人员口头宣传，以技巧说服顾客，实现商品销售，获取销售业绩与利润的一种直接促销方式。它是最古老、最普遍也是最重要的销售方式。其特点主要是：灵活机动，容易和顾客培养感情，培养顾客的忠诚度，及时提供服务，沟通快而且有效，但企业的管理难度大、费用较高。

人员促销是推销员与顾客进行的双向沟通，其促销效果与促销人员的推销技巧密切相关。对于实施开架销售的超市来说，店员一般不必主动进行促销，否则会影响顾客的自主选购。然而店员也必须向顾客提供必要的帮助和指导，并适当地与顾客进行友好的交谈，以服务和沟通为手段达到促销的目的。

促销人员是连接顾客和商品之间的纽带，是顾客对商品的第一印象，也是宣传商品最廉价的广告形式。如何解决顾客的需求要靠促销人员去创造，优秀的促销人员必须是一个具有创造性的人，可以根据顾客不同的需求特点与消费喜好（如谈吐、气质、着装等）为顾客提供满意的服务。这样不仅可以有效满足顾客的需求，同时也可以提升销售量。

### （一）促销人员活动的过程、行为、目标

（1）人员促销是销售人员与顾客双向沟通，也是双方情感交流及心理活动的过程。

（2）人员促销的核心是根据顾客需求，耐心说服、正确引导顾客购买的一种行为。

（3）人员促销是以满足顾客实际需要或心理需求为目标，同时实现企业

的销售目标。

由于促销人员直接面对顾客,因此对顾客的信息的掌握是最正确也是最快的,促销人员可以将顾客的要求、建议、想法反馈给公司,同时也将公司的意见、理念、服务传达给顾客。

促销人员要善于结交朋友。有一种说法是"要学会与顾客交朋友,要让顾客因你而来,因你而买,因你而依恋和相信我们"。有些卖场的服装、化妆品促销人员每人手中都有本通讯录,只要顾客在商场买服装或化妆品就会留下电话号码,新品到店后销售人员会打电话、发短信或发邮件邀请顾客前来挑选,顾客如果需要其他商品,促销人员还会帮助介绍其他商品的促销人员。这种服务有助于稳定部分消费群体。

**（二）顺利促销的方法**

促销人员要善于揣摩顾客的需要,明确顾客究竟喜欢什么样的产品,这样才能顺利促销。顺利促销一般有四种方法。

1. 通过观察顾客的动作和表情,揣摩顾客的需要。

2. 通过向顾客推荐一两件商品,观察顾客的反应,据此分析顾客的需求。

3. 通过主动、自然的提问来询问顾客的想法,倾听顾客的意见。积极主动、大胆沟通能将很多不可能变为可能。提问时要注意:

(1)主动接触顾客:体现积极性与亲和力。

(2)主动问问题:调查顾客需求。

(3)积极面对问题:解决问题之道。

(4)出现差错时主动道歉:减轻顾客压力。

4. 把握时机,及时劝说顾客购买。劝说时要注意:

(1)实事求是地劝说。

(2)投其所好地劝说。

(3)用肢体语言配合表达。

(4)用商品价格、质量、品牌说话。

(5)帮助顾客比较、选择。

在人员促销中，企业普遍只看重结果，往往忽略过程。事实上，在促销过程中每个人员都代表了企业的形象，因此，态度的好与坏、素质的高与低、专业水平如何，应该是制胜的关键，仅依靠关系和利益诱惑只是短期行为。企业在采用人员促销的同时，还要重视对促销人员的培训、指导，培养其综合能力。注重管理过程，由此自然就会达到良好效果。否则，一味重视结果，对促销人员的手段置之不理，长此以往，必将失去长远发展的动力，损害企业的形象。

### （三）提高促销能力

人员促销的效果与促销人员的专业能力和敬业精神直接相关。企业可以从四个方面帮助促销人员提高能力。

1. 培养员工的信心

有些员工非常喜欢销售商品，认为这是一种自我价值的体现，非常有自豪感。而有些员工对销售商品有某种心理障碍，如感觉有罪恶感，担心欺骗了顾客。所以，必须消除员工这样的不良心态，并且积极帮助他们建立起自信心。

2. 培养员工销售商品的技巧

通过培训，提高员工对商品及其卖点的了解和熟悉度，提高员工销售该类商品的专业水平。停留时间量是指使每个顾客在店里停留更长的时间，其中包括购买停留和实际的交易时间。卖场可以通过对销售人员的培训，提高员工知识传授的能力，吸引顾客停留。当一名顾客停留并接受销售人员的讲解时，他们的购物动机就会变为购物行为，同时会带动一批顾客停留，使销售量骤增。

3. 招徕顾客

在嘈杂的卖场，促销人员大嗓门招呼、吸引顾客具有明显的招徕顾客效果。比如一般顾客的声音听力范围是 4 ~ 5 米，而好的促销人员的声音传送范围却是 10 米。4 米和 10 米的差距，决定了顾客吸引量的多少。

4. 现场演示

现场演示是促销人员为销售商品而进行的各种说明、示范活动，旨在向顾客宣传商品,让顾客近距离接触商品,从而让顾客接受该商品并达成交易。如今现场演示作为一种有别于站柜销售的销售方法,在销售过程中起着越来越重要的作用。比如通过现场演示摔杯子、打冰糖等制造声响的方法,尽量增加对顾客的吸引,进而增加接触顾客的次数。

卖场除常规的演示方式外,还要丰富演示方式,如邀请顾客进行体验式的互动等。有条件的卖场还可以和相关厂家交换资源,联合演示,达到相互宣传的效果。比如,将豆浆机的操作演示摆放到粮食销售区域,既达到演示宣传豆浆机的效果,又促进和带动相关联商品的销售。商品的静态陈列可采取陈列成品花色的方式,营造家庭生活气氛。比如用颜色鲜艳的蔬菜、水果等拼盘陈列,一可用来演示,二可当陈列品用。

案例

## 麦德龙的促销策略

麦德龙股份公司(Metro AG)是德国最大、世界第三的零售批发超市集团,其经营的仓储式超市是将超市和仓储合二为一的零售业态,只有申请加入并拥有会员证的顾客才能进场消费。

麦德龙独特的市场定位和经营理念,决定了它与众不同的促销策略。麦德龙的目标客户是市场中的很小一部分群体,这就决定了麦德龙不采用电视、广播等成本高昂的大众传媒,而是用自己的方式与客户沟通,并致力于培养忠诚客户,与客户建立长期的合作关系。

麦德龙会定期出版《麦德龙邮报》,并给所有的会员每两周邮寄一份。《麦德龙邮报》是一份全彩页的详尽商品目录,分食品和非食品板块,逢节日出特刊,其介绍了半个月内商品的最新价格、新增商品以及近期开展促销的商品信息。但非会员是得不到《麦德龙邮报》的,这一方面可以减少非会员客户给麦德龙带来的压力,另一方面可以让会员感到自己受到麦德龙的重视,也更加倾向与麦德龙进行进一步的交易。

在麦德龙大连店的顾客节活动中,超市利用顾客节表明麦德龙大连店对小型工商业户的重视，重申以客户为合作伙伴、与客户共同发展的服务理念，从而赢得客户的好感和信任。麦德龙大连店举行的顾客节活动，为工商企业客户推出了具有专业水准的“套餐”——帮助他们选择最适合的商品，让他们“用最少的钱，配最全的货”，这其中有针对小型装修队所需工具而提供的商品建议清单；有针对小型餐饮业主而准备的各种套餐餐具；有为企事业单位准备的福利套餐商品建议目录；等等。

资料来源：2011 年 1 月 19 日　东北新闻网《聚焦麦德龙大连店　探究其中国十大策略》

## 第六节　公共关系策略

### 一、公共关系概述

公共关系是指一个组织，以公众利益为出发点，通过有效的管理和双向信息沟通，建立和完善各种社会关系，塑造本组织的良好形象，以实现组织的最终目标。公共关系的主体是社会组织，公共关系的客体是公众，公共关系采用的手段是双向信息沟通。

对卖场而言，公共关系是通过卖场的公共关系活动使卖场与社会各界建立良好的理解、友谊和支持关系，从而以其知名度、美誉度来带动商品销售的一种间接营销方式。其特点是与社会建立双向沟通，并注重卖场的长远利益。公关活动的主要方式有四种。

(1)利用各种传播媒体和传播方式(如人际传播和大众传播等)传播企业信息，扩大企业知名度，让社会了解企业。

(2)开展联谊、庆典及咨询活动，举办大型主题活动，加强与社会各界的联系。

(3)积极参与社会公益事业及其他社会活动，通过消费者的宣传，为企业创造良好的社会环境，获得社会的赞誉。

(4)培养、教育员工塑造良好的自身形象，建立企业与员工之间良好的情感。

在营销活动中,公关活动的传播更加吸引公众,由于较少带有功利性,容易引起消费者的好感和信赖,对企业形象、品牌的树立作用巨大。

公共关系的对象主要有企业内部公众、媒体公众、顾客公众、政府公众、社团公众和相关的公众等。针对不同的公众特点应该采用不同的传播方式。

卖场要特别重视危机公关的处理。危机公关是指在卖场的信誉和形象遭到损害并已经被公众知道的情况下,采取一系列挽救措施,重新树立卖场形象的活动。卖场的危机公关处理往往关系到卖场的生死存亡,对公关人员的要求极高,因此应该得到足够的认识。

## 案例

### 龙翔奥运(某商场2008年8月份促销方案)

促销思路:2008年8月8日,北京奥运会隆重开幕,这是商场营销活动的绝妙切入点和契机,让奥运精神和广场文化与商品促销相结合,用团队活动促进规范管理。

促销目的:以奥运为契机,展开时势促销;以文化促人气;以促销提销售。

促销时间:8月6—22日

**方案1:季末喜乐会**

促销目的:强力清仓,季末商品再掀销售高潮

促销时间:8月6—13日

促销主题:换季清仓2折起

活动广告语:"换季清仓、季末喜乐会""换季清仓2折起,2008年首期折扣风暴8月6日9:00震撼刮起"

促销形式:季末折扣特卖

推广方式:招贴、报纸广告、巨幅

主题分解:

(1)流行夏装,终极折扣　促销部门:二楼、三楼服装区

(2)皮具、皮鞋年中大减价　促销部门:一楼百货区皮具类

(3)龙翔奥运、运动折扣也疯狂　促销部门:三楼体育休闲类

(4)美容、居家品价格运动会　促销部门:一楼化妆品、遮阳伞类、太阳镜

(5)针棉床品,夏日清凉价　促销部门:四楼床上用品区

(6)美食抢购,“夏”路相逢　促销部门:超市食品零毛利销售区

(7)家电商品酷力出击　促销部门:四楼家电购物锦标赛

**方案2:奥运啤酒夜**

促销部门及目的:营运五部啤酒促销

操作细节:在直播间搭立啤酒促销台6张,赛前凡购买啤酒1瓶者可在事前准备的小纸条上写上名字、联系电话及指定项目冠军得主,每一小轮赛事中间抽奖品一次,奖品分别为啤酒杯1个、啤酒6瓶、啤酒1件等。最后在所有猜中冠军的选票中抽出3名幸运者,奖啤酒1件。

费用预算:啤酒30件×21.6元=648元(厂家赞助)

其他推广:

(1)百事特卖会——共庆奥运开幕(8月14日)

(2)统一冰红茶、三元鲜奶奥运免费送(8月15日)

(3)娃哈哈邀你共享精彩奥运(8月18日)

(4)××啤酒奥运啤酒夜(8月20日)

(5)顺爽电影夜(8月21日)

## 二、慈善营销

慈善营销就是以关心人的生存发展、社会进步为出发点,借助慈善活动与消费者进行沟通,在产生公益效果的同时,使消费者对企业的产品或服务产生偏好,并由此提高品牌知名度和美誉度的营销行为。

### （一）慈善营销对企业的益处

1. 延伸品牌力量，提高企业公信力

根据美国一项针对469家不同行业的企业调查表明：资产、销售、投资回报率均与社会公益成绩有着不同程度的正比关系。也就是说，当企业尽力于慈善事业，大量的潜在消费者会改变对该企业的看法，对企业萌发一定的好感，这对提升企业的品牌形象有很好的促进作用。我国消费者对企业的公益效应也日益重视，同一种产品类别，如果某一家企业的慈善公益活动做得好，消费者会主动选择这家企业，即使价格稍微高一点，也不会影响正常的销售。

2. 提高企业凝聚力

投身慈善事业是凝聚企业文化与价值的最有效方法，是企业做大做强必走的一步。企业的社会责任从企业内部看，就是要保障员工的尊严和福利待遇；从外部看，就是要发挥企业在社会环境中的良好作用。企业投身慈善事业会增强员工的归属感、荣誉感和自豪感，同时也有利于增进企业管理层与员工、员工与员工之间的交流，增强企业的凝聚力，并推动企业走上规模化发展之路。

3. 节省企业成本

企业投身社会慈善公益事业后，可获得比捐助额更多的社会资源和无形资产，扩大企业的社会影响力。在这里，社会资源包括企业名誉与信誉的无形传播及政府资源和其他社会资源的无形凝结，尤其是媒体宣传给企业带来的各种好处，是广告所不能完成的。随着企业社会信誉的扩大，银行对企业的贷款条件也会相应降低，等等。投身公益事业，无疑是企业增加社会信誉和诚信度的最好方式。

4. 适应国际化需求

公益行为不等于一个活动、一次捐赠，而应成为企业的一种长期战略。国外广大消费者更愿意接受具备“社会责任”的企业生产的产品，很多跨国公司进入中国市场后也积极参与慈善公益事业，如可口可乐公司支持中国农村教育的希望工程，诺和诺德公司在中国持续了数年的糖尿病教育工作等。相比之下,国内企业对慈善事业的关注程度曾经不如外资企业,但如今也已充分意识到这一点,热情日益高涨。

### (二)常见的慈善营销方案

1. 温情一元:超市卖场的助学之旅

例如,超市购物满38元即可要求服务台往捐款箱里投入1元,资助希望工程。

2. 免费领养:把奖品变成领养权

例如,广告让人们领养被遗弃的小动物;宠物店签署协议不再遗弃小动物;宠物店提供一个星期的免费粮食。

3. "买"来的学费:另一种形式的助学促销

例如,书店活动购物满多少元即可抽奖,奖品是现金,名额有限。

4. 希望商场:把让利变成孩子的希望

例如,汶川地震的时候,商场推出让利促销活动,价格保持不变,所有利润捐给慈善总会,以帮助地震中的孩子早日回到学校(如当时王老吉的做法)。要以有影响力的事件为立足点,兑现自己的承诺。

# 第七节 环境与陈列策略

## 一、环境策略

卖场要把店堂打造成清新、优雅、美妙的世界,并营造良好的卖场氛围,融艺术性、娱乐性、欣赏性为一体,使消费者视购物为乐事。如中国的传统节日春节是卖场组织营销活动的重要契机。由于春节是家人团圆的传统节日,加上冬季多数地方还比较寒冷,所以卖场可以采用红色主题进行现场装饰,搭配暖色调,通常会取得不错的效果。

在营销环境的创新上,新时期的竞争要求卖场不断加大对硬性资源的投入，比如增添楼层休息椅、饮水机、育婴室、VIP 休息厅，等等。

同时，还要求提升卖场软环境质量，以便更好地丰富卖场布局、创新主题，营造浓厚的购物氛围。购物氛围不仅包括宽阔通透的卖场、温馨大方的装饰，还包括季节氛围的营造，比如以季节为主题的情景展示，还有结合各销售品类特征，或生动或清凉或形式不拘一格，进行丰富多彩的商品展示，使其自然地融入卖场环境当中。

卖场店堂内要多张贴季节性、商品说明性及调节气氛的海报、旗帜和垂挂物等用品，装设衬托各类商品的灯具、垫子、隔物板、模型等用品，营造顾客购物的气氛，刺激顾客的购买欲望。与此同时，给予顾客相关商品健康消费、户外连带消费提示，也能够为商场的购物环境增色不少。

## 二、陈列策略

陈列是以商品为主体，运用一定艺术方法和技巧，借助一定的道具，将商品按经营思想及要求，有规律地摆设、展示，以方便顾客购买，提高销售效率。好的陈列氛围可以起到展示商品、刺激销售、方便购买、节约空间、美化购物环境等重要作用。利用陈列氛围提升销售的策略和方法大致有五种。

### （一）确定商品最低陈列量

为了降低经营风险，很多卖场都在减少库存上下功夫，导致商品陈列量不足。为了提升陈列的丰满度，卖场内一定要严格遵循商品最低陈列数量的要求，否则店内就会显得空荡，很难吸引顾客的目光，会给顾客留下商品太少、没有可选择性的印象，进一步产生卖场经营业绩差、没钱进货的错觉。

如果卖场面积较大、实际库存有限，为了确保陈列的丰满度，可以在商品旁放置配件来弥补空缺位置，或争取供应商或自行制作道具或 POP，对卖场营业面积进行装饰。

### （二）重点品牌和一般品牌分柜陈列，严格遵循厂家陈列规范

对于卖场内的重要品牌，在营业面积较大的卖场一定要设立品牌专区，并专柜专用。对于众多消费者关心的商品品牌，不仅要重点突出背板、灯箱

和墙体广告等,而且要将各品牌商品集中陈列,以表现商品的丰富度。在陈列上要注意醒目化,便于消费者快速找到所需商品。

**(三)根据功能、外观、价位段陈列,形成系列化**

按消费价位选择适合的商品,是很多顾客最主要的选购方式。不管卖场面积大小,但在用综合柜陈列时一定要设置按价位段陈列的柜台。

**(四)促销活动主推商品在重要陈列位置,特价商品专门柜陈列**

每逢大型节假日促销,卖场要考虑在店内外醒目位置设立特价商品专柜,以吸引行人目光,抢占冲动型消费人群。

**(五)充分利用助销道具和POP营造氛围,突出重点陈列商品**

从顾客的视觉角度出发,卖场的商品柜台都有其重点区域(商品柜台中部、前端区域)和非重点区域(柜台后端、两侧)。在陈列时,一定要分清主次位置,在最重要的位置摆放主推的商品。

柜台是无生命的,商品是无生命的,但是通过陈列氛围的营造,可以把简单冰冷的柜台变成各种自然环境和生活场景,赋予商品以生命,让商品陈列变得鲜活起来。卖场要根据商品的目标消费群和其他特点,发挥员工的创造力,创造出适合特定商品的"柜台小世界",达到最好的陈列效果,促进销售的实现。

## 复习题

### 一、简述题

1. 简述产品市场生命周期的四个阶段应分别采取的产品策略。
2. 卖场为消费者服务主要包括哪些方面的内容?
3. 要做好会员顾客的服务,重点应做好哪些方面?
4. 简述卖场总体价格策略的选择依据。
5. 简述降价的规律与技巧。
6. 简述公关活动的主要方式。

## 二、案例分析题

### 某卖场端午节促销方案

**（一）活动目的**

每年的农历五月初五，是我国民俗传统文化节日——端午节，今年是6月22日（星期二）。端午节源于纪念爱国诗人屈原，但在现代生活当中，更重要的是通过吃粽子、喝黄酒、插蒲子叶、划龙舟等象征性的活动，满足人们"驱邪、消毒、避疫"的心理。为了烘托节日的欢乐气氛，商场根据这一节日特点制定促销方案，以求达到提升商场知名度和节日销售业绩的目的。

**（二）快讯档期**

6月10—24日"端午节靓粽，购物满就送"

**（三）促销主题**

（1）"端午节靓粽，购物满就送"

（2）"××猜靓粽，超级价格平"

（3）"五月端午节，××包粽赛"

（4）"五月端午射粽赛"

**（四）促销方式**

1. 商品促销

（1）"端午节靓粽，购物满就送"活动

活动内容：凡端午当天，在××各连锁超市一次性购物满38元，即可凭电脑小票到服务中心免费领取靓粽1只，每店限送200只，数量有限，送完即止。

（2）商品陈列

采购部要求供应商或厂家（如三全、思念公司等）制作促销粽子的小木屋或小龙舟，每店一个。为便于厂家的销售，商场免费提供位置。

促销期间，要求有条件的卖场将小木屋或小龙舟放在场外进行促销；无条件的卖场放在本店主通道或客流较集中的地方，以便烘托节日卖场气氛和商品销售（由采购部联系洽谈）。

除小木屋或小龙舟以外，各店在促销期间，应在主通道摆放4～6个粽子堆头。

要求各店在促销期间利用冷柜，大面积陈列各牌粽子。5 月初三、初四、初五 3 天除冷柜之外，各店应在主通道摆放 4 ~6 个粽子堆头销售。

端午节当天在不影响粽子质量和销售的情况下，各店可将 1 ~2 斤重的粽子用网袋装成若干数量包(注意包装要很难解开，避免顾客拆包多装)，并打上价格，悬挂在各店货架旁边或顾客方便看到的地方，以便刺激顾客的购买欲望，促进粽子的节日销售。

要求各店美工和管理干部及员工发挥创意，进行创意陈列和气氛布置，如在粽子堆头周围用泡沫板刻上龙舟等图案。

(3)商品特卖

在促销期内，粽子和与节日相关的商品均特价销售，如黄酒、冷冻食品、饮料等食品，透明皂、沐浴液、杀虫水、蚊香等用品。

2. 活动促销

(1)“××猜靓粽，超级价格平”

活动时间:6 月 10—15 日

活动内容:凡在 6 月 10—15 日促销时间内，在××各连锁超市一次性购物满 18 元的顾客，凭电脑小票均可参加“×××猜靓粽，超级价格平”活动。

活动方式:在商场入口处或冷柜旁设促销台，粽子不打价格或模糊品牌，让顾客进行粽子品牌及价格竞猜;商品价格由采购部落实，以顾客意想不到的低价出售，让顾客感受到真正的实惠，为下一步的销售立下口碑、打下基础。

(2)“五月端午节，××包粽赛”

操作步骤:采购部洽谈粽子材料—材料到位—活动宣传—各店组织比赛。

参赛奖品:以顾客自己所包的粽子作为奖品，多包多得。

(3)“五月端午射粽赛”

活动时间:6 月 20—22 日

活动内容:凡在 6 月 20—22 日促销时间内，在××各连锁超市一次性购物满 38 元的顾客，凭电脑小票均可参加“五月端午射粽赛”活动。

活动方式:凭电脑小票每人可获得 5 枚飞镖，在活动指定地点(商场大门口场地)参加射粽活动,射中哪种口味的标识即获得该口味粽子一个。

道具要求:气球、挡板、飞镖。

负责人:由店长安排相关人员。

**(五)相关宣传**

(1)两款“粽子吊旗”在卖场悬挂宣传。

(2)公司 DM 快讯宣传(分配数量见附件):DM 快讯第一、第二期各 4 万份,第三期单张快讯 4 万份。平均每店 1800 份,相隔距离较近的店从成本角度出发可以适当减少数量。

(3)场外海报和场内广播宣传。

**(六)相关支持**

(1)采购部联系洽谈 5000 只粽子作为赠送顾客的奖品。

(2)采购部联系洽谈 1000 斤粽子材料,作为包粽比赛用材料。

(3)采购部联系洽谈 2200 只粽子,用作射粽比赛的奖品。

**(七)费用预算**

(1)“端午节靓粽,购物满就送”活动:靓粽每店限送 200 只 ×22 店 = 4400 只。

(2)“××猜靓粽,超级价格平”活动:数量价格由各店赞助商决定。

(3)“五月端午节,××包粽赛”活动:粽子散装米每店 30 斤 ×22 店 = 660 斤。

(4)“五月端午射粽赛”活动:粽子每店 100 只 ×22 店 =2200 只。

费用总预算:

(1)装饰布置用的气球、横幅、主题陈列饰物等,平均每店 300 元,费用约6600元。

(2)吊旗费用:1 万元。

6 月份促销总费用:约 1.66 万元。

**思考题:**其他法定节假日是否可以完全套用端午活动方案?

# 本章小结

产品策略是最常见的营销策略,企业的营销策略应根据产品市场生命周期的不同阶段来制定和实施。

在产品性能和价位相同的情况下,服务成为消费者做出购买选择的依据,让顾客享受标准化的服务对促进营销具有特殊的意义,必须加强顾客关系管理。

对消费者而言,价格往往是最引人关注的商品属性,是卖场是否吸引人的重要因素。定价对于卖场而言具有重要意义,降价是最常见的短期促销手段,应讲究规律与技巧。

商品品牌的价值对卖场销售构成拉动。促销是指企业为向目标顾客传递产品信息,促使目标客户做出购买行为而进行的一系列说服性沟通活动。人员促销可以与顾客进行双向沟通,其效果好坏与促销人员的推销技巧密切相关。

公共关系是通过卖场的公共关系活动与社会各界建立良好关系,从而带动商品销售的一种间接营销方式。卖场要营造良好的卖场环境,精心陈列商品以吸引消费者。

# 第五章

# 营销策划方案的制定

## 学习目的与要求

掌握营销策划方案的主要内容和营销策划书的格式。

## 关键词

营销目标;营销主题;营销策划书

## 课时

建议 12 课时。

## 导入案例

### 香港大型商场备战“五一”　内地客成消费主力

据香港中通社报道，继新年创下辉煌战绩后，香港大型商场正摩拳擦掌，备战复活节与“五一”劳动节两大购物狂欢季。位于深港两地交会处的上水广场12日表示，为实现“双节”人流及营业额大涨逾30%的目标，预计会投入300万元（港币，下同）推广费用，重点招揽内地客。

香港旅游发展局数据显示，2010年访港旅客人数创新高，带动入境旅游消费总额冲破2000亿元大关，其中超过一半由作为香港旅游消费市场主力军的内地客贡献。

新鸿基地产代理租务部总经理钟秀莲对记者说，新鸿基旗下的上水广场坐拥地利，与深圳罗湖仅一站之隔，是不少内地客来港“血拼”的首站或最后冲刺地。去年12月和今年1月，该商场人流和营业额均取得历史性增长，与去年同期相比，人流升幅达三成以上，营业额增长分别为70%和160%。

面对即将到来的复活节和“五一”假期，香港商家亦信心十足。新鸿基地产租务部高级推广经理刘文豪表示，上水广场每日客流量一般为10万人左右，节假日则会达到12万～14万人。营业额方面，4月22—25日4天有望达4300万元；5月1—7日料突破5000万元，按年升30%。

“内地客人在节假日能占到四到五成。”刘文豪称，上水广场将斥资200万元用于复活节宣传，预算比去年高出50%；“五一”的推广费也有100万元，务求营造欢乐的消费气氛。为拓展内地客源，商场新招迭出，如消费满一定额度，提供往返商场与深圳关口的免费接驳巴士。

钟秀莲表示，为迎合内地客需求，上水广场明年计划引进更多化妆品、珠宝饰品、包袋等品牌新店；而最新推出的“期间限定店”短期展览和租约方式，主推高级家品和礼品，如目前正在举行的白瓷展，一件手掌大的瓷雕动辄上万。

资料来源:2011 年 4 月 13 日人民网港澳频道。

# 第一节　营销策划方案的内容

## 一、营销的目标与主题

### (一)营销目标

营销目标是指卖场通过营销策划的实施达到希望的目的。卖场营销活动的目标基本可以分为四类:

(1)新产品上市,吸引顾客。通过营销活动给潜在顾客一定的利益,形成利益吸引力,从而诱导部分顾客产生购买行动。

(2)抑制竞争对手,保护市场。为了抵制竞争对手而采取类似或差异的营销活动,扩大营业额,提高毛利额。尽管营销活动未必增加利润,但可以保护自己的市场免受竞争对手侵犯。

(3)开发新顾客,拓展市场,提高公司知名度。

(4)刺激顾客购买数量,促进销售,提高业绩。

营销活动必须有明确的目标。有了目标,相关的活动展开才能有章可循,对完成的结果也才能有所评估。能否制定一个切合实际的目标是营销策划成功的关键,有的营销方案脱离实际,制定目标过高,其结果必然与实际相差千里;而有的营销方案过于保守,同样也会影响营销组合效力的发挥。

卖场在制定一个完整有效的营销活动计划之前,必须知己知彼,胸有成竹:通过此次活动要解决什么问题或达到什么目标?是新产品突击上市还是加速成熟产品的流转?重点解决的对象是终端销售还是批发环节?所选择的营销工具、策略是否锐利有力,能否“短平快”地完成任务?如何进行整体营销活动的实施、控制和评估,以很好地实现目标?

营销活动目标的制定与分解是关乎营销策划执行成败的关键性步骤，需要集合策划人员与各业务部门的共同参与，集中共同智慧对各方提出的想法进行直观的审核，及时调整其不足或缺陷，以此让营销方案的制定与执行更有效、更到位。

营销活动在策划阶段必须选择几个可以量化的效果衡量指标，最直观和明显的如销售额增长比率、品牌知名度、品牌第一提及率、现金流量、楼层客流增长量，以及随机抽样的活动效果满意比率，等等。

通过对这些指标的衡量与判断，活动的质量和效果便可以显现出来。通过营销策划与实施结果的比较，找出问题改善点，以便在今后的营销策划中吸取教训，而对活动的综合评价也可以作为有效实施奖惩的依据。其中，销售额目标又是最关键的目标，它与其他几个目标息息相关，是这些目标的直接呈现。

制定销售额目标一般有三类方法。①时间系列法。包括移动平均法、指数平滑法、外推法、相关法、回归分析法、计量经济学模型等。其中，回归分析法是企业最常使用的方法。②进行针对消费者的调查研究。该方法比较复杂，通常被一些跨国公司使用，因为他们可以拨出庞大的资源进行冗长的、精密的研究。③根据管理人员或者专家的判断来制定目标。例如，很多企业把上一年度的销售额结合资源配备、竞争情况、产品生命周期的特点，加上或减去一定比例进行估计。该方法是企业通常使用的方法。如某卖场的“夏日浓情，狂送大礼”活动规定，必须完成多少场次演艺明星的演出活动，卖场折扣参与比率必须达到百分之多少，媒体推广的频率为多少等，这些都可以成为营销活动的目标。

由于各个厂家和商家各显神通、大举宣传，消费者往往被淹没在各种营销活动的海洋里。卖场的营销活动要想给消费者耳目一新的感觉，就必须有好的营销主题。好的主题是一个动人的“媚眼”，是吸引消费者的第一步。

### （二）营销主题

营销主题是营销活动方案的核心。一个良好的营销主题往往会产生较大的震撼效果，所以应根据整个营销内容拟订出具有吸引力的营销主题。

俗语说:名不正则言不顺。做营销同样讲究师出有名,没有理由平白无故地给顾客优惠或送礼,否则不但不能增进销售,反而有可能让有意购买的顾客退避三舍。所以,在做营销主题设计时,一定要告知外界“为什么要做这次活动”,比如周年庆、店庆之类,让顾客相信该活动的真实性。

营销活动的主题设计有几个基本要求:①要有冲击力,让消费者看到后记忆深刻。②要有吸引力或者让人产生兴趣。例如,很多厂家用悬念主题吸引消费者继续探究。③要简短、易记。主题长达十几个字或者更多的,谁会理睬!

营销主题的选择应把握两个字:①“新”,即营销活动主题一定要突出。要抢眼,要有正当合理性,营销内容、营销方式、营销口号要富有新意,这样才能吸引顾客。②“实”,即简单明确,只有让顾客感到有利可图,能实实在在地得到更多的利益,这样的营销活动才能起到作用,才具备传播价值。

某连锁家电卖场在淡季推出了“××店庆送豪礼,送美女送地球”的营销活动。送美女其实就是由女员工送出的美女挂历,送地球就是送小型地球仪,但营销活动主题非常吸引人,很多消费者都非常好奇,急于了解该活动。某手机店在淡季策划了“重奖移动老用户,0 元购机,1 元换礼”营销活动,不仅活动标题简明直接,诱惑力超强,而且一下子牢牢抓住了众多的移动用户。

按营销主题来划分,营销活动可分为以下四种:

(1)开业营销活动。开业营销活动是营销活动中最重要的一种,因为它只有一次,而且是与潜在顾客第一次接触,顾客对卖场的商品、价格、服务、气氛等印象,将会影响其日后是否再度光临。所以,商家对开业营销活动都十分重视,希望能通过营销活动给顾客留下一个好的印象。通常开业当日的业绩可达平日业绩的 5 倍左右。

(2)年庆营销活动。年庆营销活动的重要性仅次于开业营销,因为每年只有一次。对此,供应商一般都会给予较优惠的条件,以配合卖场的营销活动。其营销业绩可达平日业绩的 1.5 ~2 倍。

(3)例行性营销活动。例行性营销通常是为了配合法定节日、民俗节日和地方习俗等而举办的营销活动。一般而言,卖场每月均会举办 2 ~3 次例行性活动,以吸引新顾客光临并提高老顾客的购买品项及金额,营销期间的业绩可比非营销期间提高20% ~30%。

(4)竞争性营销活动。竞争性营销活动往往发生在竞争对手店数量密集的地区。当竞争对手推出特价营销活动或年庆营销活动时,卖场通常均会推出竞争性营销活动以免营业额衰退。

常见营销活动主题有:

(1)快乐童年——儿童节玩具营销。例如,儿童购物广场播放儿童喜爱的动画片提前热身,玩游戏,答对问题赢奖品。在活动期间购买玩具可享受折扣。

(2)亲情厨房——让母亲更轻松。例如,母亲节的厨具营销,购物送康乃馨,赢"亲情海南三日游"。

(3)含蓄父爱——父亲节礼品营销。

(4)尊师台——尊师重教的创意营销。例如,教师节十字绣店铺的广告,"老师将自己的汗水和知识融进了一笔一画的粉笔字中,作为学生的你,为什么不将尊重和感谢一针一线地绣在十字绣里送给老师呢? 教师节期间,凡在本店购买十字绣的顾客都能得到一张精美的教师节贺卡"。

商家如何能既达到促进销售的目的又能跳出价格战的"怪圈"? 关键是淡化价格效用,增强顾客与商家之间的沟通互动,营造欢乐喜庆、宽松和谐的消费环境,开发和培养新的消费需求。

比如,"一心二意"是春节期间顾客的共性心理:"一心"即图吉利。新春佳节人人企盼来年大吉大利。"二意"即求富贵,祈平安。酒店在春节期间要做好年夜饭生意,就必须以"合家欢""全家福"为营销主题,有针对性地开展服务项目。

## 二、营销的范围与对象

根据具体营销目的的不同,卖场的营销方式也不尽相同。如为获得广泛的传播效果,宜采取广告营销方式;为获得长期效应,宜采取公共关系营销;为在短时间内击败竞争对手,宜采取低价营销方式等。

营销活动的范围是指营销活动覆盖的商品种类。参加营销活动的商品要投顾客所好。一次营销活动要以什么类商品为主,须与供应商联手互动。如某百货商场每年一次的“春季时装节”“金秋家电节”“食品节”“时尚化妆节”,均因商品特色吸引顾客而收到较好的效果。一般来说,挑选季节性、潮流性的商品,会使销售量的增加事半功倍。

卖场应根据不同的营销活动、顾客消费心理、市场的现实需求和每种商品的特色、文化以及现代生活休闲方式,制定出行之有效、颇具特色、适应营销规律的商品策略组合,研发推广适合顾客休闲、应酬、交际的新商品,另辟蹊径抢占先机,这是卖场顺利打开市场通路,迅速抢占广阔市场的根本所在。对酒类商品而言,要注重商品的休闲化、主题化和营养化这三个基点,所有营销活动都要围绕商品的“三化”展开。如定位于重阳节的茅台“九月九”酒,定位于春节、婚庆的五粮液的“喜酒”,都是成功的范例。

由于每个购买行为都要花费一定的时间,因此延长顾客停留时间就意味着更多的交易机会。并且由于顾客在停留的过程中会因环境的刺激引发购买冲动,进而演变成实际的购买行为,所以卖场在策划营销活动方案时要关注卖区与卖区之间的联动。例如,买家电商品赠超市优惠券;买服装、鞋、针纺品赠金店优惠券等,这样可以有效延续顾客的购买行为。

营销活动的目标顾客往往多种多样,分清主次、正确选择每次营销活动的具体对象是开展营销活动首先考虑的因素。活动对象挑选的正确与否将直接影响营销活动的效果。卖场应当不定期地调整营销活动的对象,使各层级的顾客都能够感受到营销活动的鼓励。卖场依据选定的对象群体策划专题营销活动,可以提高营销活动的精准度,进而提升销售量与活动效果。

某商场在夏季针对不同时节采用了商品促销与全场活动相结合的方式,通过“以点成线,以线成面”的营销活动有效地带动了各个层次的顾客。如母亲节的女装节、内衣节;父亲节的绅士节、衬衣节、领带节;七夕节的珠宝展;端午节的满减营销;六月底七月初的年中庆、会员返利等;八月中下旬的夏季服饰出清等夏日主题节。

不同类型的卖场,顾客的特点也有所不同,因此需要采取不同形式的营销方式。例如,大型超级市场的顾客往往是以家庭为单位,所以不仅需要洞察家庭主妇的购物心态,还要了解丈夫和孩子的心态,对此所策划的营销活动就要着眼于使整个家庭都得到愉悦。而去便利店的顾客往往是急需某件商品,这些顾客通常十分匆忙,进到便利店之后对货架上不同品牌的同类商品做出快速选择,拿了商品就走,不会多做停留,因此,便利店的营销活动就要立足于让商品在短时间内吸引顾客的眼球。

针对不同的商品、不同的顾客群体,营销活动的现场布置氛围、风格要有所不同。如情人节营销现场应营造浪漫甜蜜的氛围,采用粉红色系布置,风格高雅、婉约;以价格搏杀和赠品 PK 为主的营销,表现形式要直白、简单,现场突出火爆氛围,顾客一看就会受到吸引。

## 三、营销策略的制定

在卖场营销策划过程中,制定具体的营销策略是关键环节,而营销策略的制定体现在市场营销组合的设计上。为了满足目标市场的需要,卖场对自身可以控制的各种营销要素如质量、包装、价格、广告、销售渠道等进行优化组合。

随着市场营销学研究的不断深入,市场营销组合的内容也在发生着变化,从产品策略、价格策略、渠道策略和营销策略到政治权力策略和公共关系策略,即从“4Ps”发展为“6Ps”。近年又有人提出了以“4Cs”为主要内容的市场营销组合,即顾客策略、成本策略、便利策略和沟通策略。

### (一)营销策略的种类

营销策略按操作方式可以分为三种(见表 5-1)。

#### 1. 推动策略

通过以人员推销方式为主的营销组合,把商品推向市场的营销策略。

#### 2. 拉引策略

通过以广告为主的营销组合,把顾客吸引到卖场特定的商品上来的营销策略。

3. 推拉结合策略

采用先推后拉、先拉后推或推拉同时进行的方式展开对顾客的营销攻势,称为推拉结合策略。

表 5-1 常见营销策略的特点

| 基本工具 | 适用时机与场合 |
|---|---|
| 折扣与返现 | 适用于较高价位的商品或服务;为防御强势竞争者的促销活动 |
| 派送样品 | 使用率偏低的商品,以及具有显著特色的商品;新商品类推出;广告无法适当展现品牌特色的商品 |
| 折价券 | 预算经费有限时;新商品上市 |
| 客户忠诚计划 | 欲防止消费者替换品牌时;当新的竞争者进入该品类市场时 |
| 赠品 | 符合特定传播对象所需 |
| 抽奖、游戏、竞赛 | 欲统一整体促销活动的主题时;欲强化商品定位与广告信息时 |

## (二)常见营销策略

1. 商品折价让利

要点:直接价格折扣。在一定时期内调低一定数量商品售价,适当地减少自己的利润以回馈顾客的销售促进活动。

实例:打折销售,减价销售。

分析:损失利润,恶性竞价。

2. 赠品销售

要点:将商品免费或低价送达顾客手中的销售促进方式。只要顾客购买某种特定商品即可获得赠品,或进行搭配销售。赠品要保证质量,档次符合,对象符合。

实例:买手机,送拉杆箱。

分析:城门失火,殃及池鱼。

3. 现金返还

要点:根据顾客提供的购买某种商品的购物凭证,返还一定金额的现金,以此吸引顾客,促进销售。

实例:购物 200 元,返还 50 元。

分析:收支两条线,税费规避,经手风险。

4. 凭证优惠

要点:向顾客邮寄商品时,在商品包装中或以广告等形式附赠一定面值的优待券,持券人可以凭此优待券在购买某种商品时获得一定金额的优惠。

实例:凭优惠券或其他信物,优惠一定幅度。

分析:发放控制,有效期限,优惠程度,实际价值。

5. 集点购买

要点:集点购买又叫商业贴花,是指顾客每购买单位商品就可以获得一张贴花,筹集到一定数量就可以换取这种商品或奖品。这是零售业鼓励消费者回购最常见的方法。

实例:集 12 个瓶盖,兑换一瓶啤酒。

分析:适用于快速消费品。

6. 联合营销

要点:和其他企业互惠联合营销,给予顾客直接价格折扣,又称捆绑营销。

实例:酒楼和婚纱影楼、酒店和旅行社、饼干与咖啡、面包和火腿、大米和食用油的捆绑营销等。捆绑营销的产品要有关联性,才能增强营销的效果。

分析:互相优惠,目标对象统一,利用捆绑的价格和渠道优势提升销售,但相对的是较大的价格折让。

7. 免费试用

要点:提供试用产品。

实例:化妆品试用装、食品试尝、保健品试用装。

分析:尝试接收,消费体验,直观感受。

8. 抽奖销售

要点:通过某种特定方式,以特定奖品为诱因,让顾客深感兴趣、积极参与并期待中奖的一种销售促进活动。其中主要有购物抽奖,现场开奖或集中开奖。顾客购买产品后，可凭小票抽奖或参加积分换礼活动，这种营销手段能够让顾客在获得基础利益的同时，增加购物体验价值和心理价值预期。

实例："买××中大奖"活动。

分析：注意普及面、中奖率、可信度、公正度问题。

9. 有奖参与

要点：设置活动，参与有奖。

实例：填写有奖问答卡，参与抽奖。

分析：针对所有购物顾客。

10. 游戏参与

要点：顾客只要参与组织的游戏，就有机会赢得礼品。

实例：小品、绕口令、成语接力、妙语连珠等游戏。

分析：调动顾客参与热情。

11. 竞技活动

要点：顾客参与竞技活动，赢得相应奖品。

实例：如投飞镖、掷骰子、摇轮盘大赛等。

分析：调动顾客参与热情。

12. 公关赞助

要点：赞助社会公益事业和重大赛事。

实例：特困助学，赞助希望小学、体育赛事等。

分析：扩大企业品牌知名度和社会亲和力。

13. 现场展示

要点：希望凭借特殊的包装，在零售店的货架上显出独特的一面，以吸引顾客。在重要场所展示新奇特产品。

实例：模特展位、行业博览会、订货会、专柜销售等。

分析：体现产品特征，成本费用较高。

14. 顾客会员俱乐部

要点：为已有顾客提供群体归属以及更多的服务和优惠。

实例：顾客俱乐部、VIP 顾客俱乐部。

分析：提升归属感、品牌荣誉感，显示地位或彰显不同，获得更好的服务和实惠。

15. 人员推介

要点：卖场设置专门营销推介人员。

实例：营业员、临时促销人员等。

分析：扩大产品信息，提高顾客认知，动态实体沟通。

16. 限量特供

要点：特定时段和卖场的特价或者无偿销售，是专门为“可买可不买”的顾客而设计的。在规定时间内，顾客可以低价采购到可能需要的商品。这对一部分非刚性需求的顾客具有很大的冲击力，促使许多犹豫不决的人下决心购买，是把营销活动推向高潮的有力之举。

实例：1 元手机限时限量特供，每店每天限 5 台。

分析：主要是吸引顾客注意力，提高卖场的知名度，产生新闻爆炸效果。

17. 服务举措

要点：提供更多的服务和更高的服务承诺。

实例：终身包修，异地联保，免费升级。

分析：通过服务提升品牌形象，对顾客负责。

18. 老顾客回访

要点：对老顾客进行定期回访，跟踪服务。

实例：24 小时回访，信访，产品免费清洗维护。

分析：做好老顾客的挽留和服务工作，提高回头率和顾客推介，拉动新顾客。

19. 社会热点炒作

要点：针对社会热点事件，结合本卖场商品进行炒作。

实例：“××助你看奥运”，提供顾客参与奥运的机会。申奥之夜现场直播，旌旗摇曳，市民参与助阵。申奥成功那一刻全场 7 折。

分析:利用热点事件,扩大影响力,带动商品销售。但要注意,过分和不合时宜的炒作会把好事变成坏事。

20. 商品概念炒作

要点:炒作商品的某一功能概念或者特定顾客感兴趣的概念,体现差异化。

实例:生活用品的保健功能、绿色环保、钻石装饰、彩色外壳等。

分析:要针对特定顾客,集中优势,获取差别化顾客的青睐。但针对特定概念、扩大差异化优势,过于集中某一特征,受众减少,需要密集推广。

21. 免费咨询指导

要点:提供顾客消费信息咨询,提供消费指导,培养消费习惯和使用习惯。

实例:24 小时咨询服务热线。

分析:提供顾客消费需求信息,提供顾客消费帮助,利于新品客户培养、新业务顾客培养。

22. 其他创新营销策略

要点:全新的或者改进的有效营销方式。

实例:文化营销、情感营销等。

分析:利用"新奇特"营销手段,争取更好的营销效果。

## 四、销售预测

营销活动的产出包括销售额的增加、利润的增加、顾客忠诚度的提高、卖场品牌形象的提升等,其中销售额的增加是营销活动的主要产出部分。

销售预测是营销方案的重要组成部分。收入来自销售,没有好的销售就不可能有利润。卖场通过销售预测可以确定销售和成本,明白自身是盈利还是亏损。

营销活动期间的销售预测可根据活动期限分为三个阶段:前期销售预测、中期销售预测、整体销售预测。①前期销售预测是为做好营销活动打好基础。只有抓住“病根”，才能“药到病除”，整个营销方案才会有实际意义。②中期销售预测为及时调整营销战略做好了铺垫。卖场可以根据实际销售情况，及时发现营销方案存在的问题并及时调整营销方案，以保证达到预期效果。③整体销售预测就是查看整个营销方案的结果是否达到既定的预测目标，有何处不足及成功经验。销售预测的主要手段有四种。

### （一）与同类卖场进行对比

将卖场的资源、技术和营销方案与竞争对手的进行比较，基于他们的水平来预测自身的销量。这是最常用的销售预测方法。

### （二）实地测试

小量试销卖场的商品或服务，看一定期间内能销售多少。这种方法对制造商和专业零售商很有效，但不适合于有大量商品库存的卖场。如果使用这种测试方法，卖场的起步规模要小，甚至保持在半营业状态。

### （三）预订单或购买意向

如果卖场的固定顾客不多，可以通过走访顾客，计算商品或服务的近期订单，来预测销售量。订单必须是书面购买意向，不能信赖口头协议。

### （四）进行调查

对顾客进行抽样调查访问，了解他们的购买习惯。

销售预测需要列明各项成本/费用预算和盈亏金额，包括现金流量。现金流量显示每个月会有多少现金流入和流出，预测现金流量将帮助卖场确定自己的流动资金需求，保持充足的动力，不至于出现由于现金短缺给正常经营带来威胁。

做出一个切合实际的销售预测极为重要。大多数人容易过高估计自己的销售额，因此在预测销售时，不要过分乐观，应保守一点，留有余地。

## 五、营销的时间与时机

营销活动持续时间过长或过短，都会影响其的顺利开展。按照惯用的做法，营销活动持续时间以 3 周之内为宜，营销活动开始之前 7 天为推动期。

既要让顾客有定下决心、重复购买的时间，也要起到影响购买的作用。

营销活动按持续时间可分为长期营销活动与短期营销活动。一般延续时间在1个月以上的营销活动称为长期营销活动，其目的是塑造卖场的差异优势，增强顾客对卖场的向心力，以确保顾客长期来店购物。短期营销活动通常持续3～7天，其目的是希望在有限的时间内通过特定的主题活动来提高来客数及客单价，以实现预期的营业目标。长期性营销活动应持之以恒，从开始到结束应始终如一以树立稳定的良好形象；而短期性营销活动则不宜将时间拉得太长，否则会使顾客失去新鲜感，进而影响营销效果。

不同的季节、气候、温度，顾客的行为方式和需求都会有很大的差异，一个良好的营销方案应与季节、月份、日期、天气、温度、顾客行为等相互配合。商品销售有淡、旺季之分，如何在淡季做好营销工作非常重要。为使淡季不淡必须有创新的营销策略，不能一味地依靠特价营销，而要设法激发顾客的需求动机。

比如，每年六至八月一般被视为卖场的传统淡季，特点是无重大节假日，客单价走低。即使在夏季的劣势下，卖场只要在营销上创新思维，多从社区、VIP顾客、资源整合、商品分类营销等方面着眼，多开展商品主题营销活动，就一定能扭转萎靡不振的销售局面。

营销活动的时机很关键。比如由于发薪、购买习惯等因素，顾客月初的购买力比月底强；而周末的购买力又比平日强，所以营销活动的实施也应配合恰当的日期。

好的营销活动必须善于借势。借势指的是营销活动的时机和切入点，就是充分结合当地的实际情况，巧妙地借助节日、当地的人文景观、社会话题、时事活动、媒体舆论焦点、政府专业权威行为、突发事件、名人、文艺活动等，利用人们对这些事物的关注，将自己的企业或者商品巧妙地融合进来，轻松赢得人们的注意力和好感，进而提升知名度和销量。

在营销进程中，只有在恰当的时刻抓住机缘，才会收到令人满意的效果，即讲究“天时、地利、人和”。

## 六、营销费用

营销活动涉及多方面的费用,一份完整的营销方案在策划时必须做出详尽的活动费用预算。通过这份预算中各项目的列举和费用明细,才能进一步明确活动的关键事项,也才能更好地看出营销活动的投入产出比情况,营销活动的开展到底值不值得,项目的哪些费用需要削减或增加。卖场应精心组织和合理分配有限资源,尽可能用较少或一定数量的费用获得最佳的效果。

### (一)卖场营销活动的预算项目

1. 顾客礼品、奖品、赠品费用

2. 广告宣传费用

(1)广告宣传制作发布费:公交站牌、户外广告制作费,电视台字幕广告等。

(2)广告宣传租用费用:花车、拱门等。

(3)DM 单页印制费。

3. 卖场物料布置制作费用

4. 后勤经费:现场食物、饮水、药品等费用

5. 销售人员的补助和提成,临时促销人员费用

6. 外联费用:城管费用、物业费用等

广义上的营销活动费用还包括商品设计、商品线规划、商品包装设计、品牌宣传、渠道建设、折让后的利润流失、机会成本等。

### (二)制定营销预算的方法

制定营销预算的常用方法有四种,卖场应根据自身状况,挑选恰当的方法,灵活运用。

1. 营业额百分比法

根据年度营业目标的一定比例来确定营销预算,再按各月的营业目标分配至各月。其优点是简单、明确、易控制;缺点是缺乏弹性,未考虑营销活

动的实际需求,可能影响营销效果。如营销策划预算占全年销售额建议:第一年为2%,第二年起为1% ~1.5%;其中装饰占25%、广告占55%、活动占8%、赠品占12%。

2. 量入为出法

根据卖场的财力来确定营销预算。优点是能确保企业的最低利润水平,不至于因营销费用开支过大而造成利润水平的降低;缺点是由此确定的营销预算可能低于最优预算支出水平,也可能高于最优预算支出水平。

3. 竞争对等法

企业按竞争对手的大致费用来决定自己的营销预算。优点是能借助他人的预算经验并有助于维持本卖场的市场份额;缺点是情报未必确实且每个卖场的情况不同。

4. 目标任务法

根据营销目的和任务而确定营销预算。优点是注重营销效果,预算较能满足实际需求;缺点是营销费用的确定仍带有主观性,且营销预算不易控制。

### (三)预算的承担

在确定营销活动的总预算后还必须考虑经营负担问题。由于供应商与卖场的合作程度日益加深,厂家与卖场共同负担营销经费的方式已成一种趋势。预算承担的方式主要有两种。

1. 共同承担方式

供应商的营销活动融入超市的营销计划内。如由生产厂家提供样品和赠品;举办推广特定商品的营销活动;卖场配合供应商在大众传播媒介进行营销活动,在店内开展优惠营销活动并由供应商贴补营销费用等。

2. 供应商承担方式

供应商向卖场租用特定位置或设备以推广其商品。如租用端架或陈列区;支付购物袋背面印制广告的费用;支付店内灯箱广告的费用等。

对连锁企业而言,降低营销费用的有效手段是发挥连锁优势,实现统一营销。比如,大部分百货连锁企业在不同城市的卖场各自为战,而万达百货却是统一部署,由万达百货总部负责策划营销活动,并与供应商协商,统一部署后,各地卖场共同执行。不同城市的几十家卖场,在相同的时段统一营销步调,实行统一营销。这样做的好处是,一方面可以使一次营销活动的效果和影响成倍放大,另一方面可以为商场和供应商节省成本,做到速度快、效率高、投入小,优化配置营销资源。在举办"带着爱去旅行""珠宝钟表节"等全国性大型活动时就体现出了这种优势。

案例

## 某超市营销活动经费预算

### 一、样品赠送

2012 年 1 月 20—23 日活动:购物满 × ×元送思念汤圆 × ×克

| | 项目 | 规格(克) | 数量(袋) | 价格(元) | 金额(元) |
|---|---|---|---|---|---|
| 满 48 元 | 思念汤圆 | 300 | 300 | 3 | 900 |
| 满 88 元 | 思念汤圆 | 500 | 100 | 5 | 500 |

2012 年 2 月 2—6 日活动:思念汤圆免费品尝

| 项目 | 规格 | 单位 | 价格(元) | 数量 | 金额(元) |
|---|---|---|---|---|---|
| 思念汤圆 | 600 克 | 袋 | 6.0 | 27 | 162 |
| 一次性碗 | 50 只 | 条 | 7.5 | 6 | 45 |
| 牙签 | 100 支 | 包 | 0.5 | 6 | 3 |
| 锅 | 1 个 | 个 | 68.0 | 1 | 68 |

本次活动费用总金额为 1678 元。人力需要:卖汤圆 1 人、煮汤圆 2 人、发送红包 1 人,共计 4 人。

### 二、有奖积分兑奖

| 序号 | 奖品 | 积分 | 价格(元) | 数量 | 时间(天) | 合计(元) |
|---|---|---|---|---|---|---|
| 1 | 精美钥匙扣 | 100 | 5 | 80 个 | 15 | 6000 |
| 2 | 黑人牙膏 | 200 | 15 | 50 管 | 15 | 11250 |
| 3 | 卡通枕头 | 300 | 20 | 35 个 | 15 | 10500 |
| 4 | 金龙鱼油 2 升 | 500 | 36 | 20 桶 | 15 | 10800 |
| 5 | 不锈钢平底锅 | 1000 | 79 | 10 个 | 15 | 11850 |
| 6 | 床上 4 件套 | 2000 | 198 | 5 套 | 15 | 14850 |
| 7 | 总计 | 4100 | 353 | 200 | 15 | 65250 |

### 三、竞赛与抽奖

| | 一等奖 | 二等奖 | 三等奖 | 安慰奖 | 总计(元) |
|---|---|---|---|---|---|
| 竞赛 | 200 × 50 | 100 × 100 | 无 | 纪念品 × 500 | 21000 |
| 抽奖 | 500 × 10 | 300 × 50 | 100 × 100 | 纪念品 × 500 | 31000 |
| 合计 | 15000 | 25000 | 10000 | 2000 | 52000 |

备注:安慰奖价值 2 元

### 四、现场广告

打印一张大型广告挂在超市入口处,给予顾客指示。广告宽 3 米,长 5 米。根据广告公司报价费用为 1500 元。

### 五、POP 广告

POP 广告主要在超市内部悬挂。超市面积约为 300 平方米,预测需要 60 张 POP 广告。POP 广告总费用为 1800 元,其中设计费为 1000 元,印刷费为 800 元。

## 第二节 营销策划书的编写

### 一、营销策划书的格式

正如一份缜密的作战方案在很大程度上决定着战争的胜负一样,一份系统全面的营销活动方案是营销活动成功的保障。在确定了营销活动的主要部分:营销活动的目的、营销活动的对象、营销活动的主题、营销活动的方式、营销活动的时间和地点、广告配合方式、效果预估和费用预算之后,就要及时撰写营销策划书,使之落实为营销活动的纲领性文件。

分解细化,注重细节。一个好的营销策划方案在它诞生之时,都只是一个概念。即便其成形之初和确定以后,内容也很空泛,令人不知从何入手。这就要求我们将其具体化,转换成可以执行的计划。而要将概念转换成计划,关键在于分解。

营销策划书的使命是将策划方案中的想法细化成一个个具体的目标与做法。比如在卖场将要举办的营销活动中,要从购买化妆品的顾客中推选"美丽使者"担任卖场形象代言人以达到宣传与促销的目的,这是个不错的想法。但是要实现这一想法就需要不断地对其进行分解细化,包括前期宣传准备、中期组织推进、后期执行提升等阶段。而如何进行广告宣传,要准备什么,怎样组织,需要什么程序,怎样培训执行人员,怎样集中活动等各项工作就如此这般地分解开来,最后形成可执行的计划。

营销策划书没有一成不变的格式,在内容与编制格式上,要根据商品或营销活动的不同要求而有所不同。但是,从营销活动的一般规律来看,其中有些要素是共同的。

### (一)封面

营销策划书的封面可提供以下信息:

(1)营销策划书的名称、活动内容。

(2)策划机构、部门或具体策划人的名称。

(3)策划完成日期及本策划适用的时间段。

(4)编号。

### (二)文前

前言或序言是营销策划书正式内容前的情况说明,内容应简明扼要,最多不要超过500字,让人一目了然。其内容主要是:本次策划的重要性与必要性、营销策划的概况、策划的过程及期望达到的目的。

目录的内容也是营销策划书的重要组成部分。如果说封面引人注目，前言使人感兴趣，那么目录就务必让人读后能够了解营销策划的全貌。目录具有与标题相同的作用，同时也应使阅读者能方便地查寻策划书的内容。

概要提示的作用是使阅读者能够通过概要提示大致理解营销策划内容的要点。概要提示的撰写同样要求简明扼要，篇幅不能过长，一般控制在一页纸以内。另外，概要提示不是简单地列举营销策划内容，而是要单独成一个系统，因此其遣词造句等都要仔细斟酌，要起到滴水见海的效果。

### （三）正文

正文是营销策划书中最重要的部分，具体包括以下几方面内容：

1. 营销策划的目的

营销策划的目的部分主要是对本次营销策划所要实现的目标进行全面描述，它是本次营销活动的原因和动力，是营销策略思考后做出的选择。只有目的明确，才能使营销活动有的放矢。

2. 市场状况分析

市场状况分析是在市场调研取得第一手资料的基础上进行的，要着重分析以下四个因素：

（1）宏观环境分析：对与本次营销活动相关的宏观环境进行分析，包括政治、经济、文化、法律、科技等。

（2）商品分析：主要分析本商品的优势和劣势、在同类商品中的竞争力、在消费者心目中的地位、在市场上的销售力等。

（3）竞争者分析：分析本企业主要竞争者的相关情况，包括竞争商品的优势和劣势、市场细分与商品定位、竞争商品销售量与销售额、市场占有率分析、营销活动与公关活动、竞争企业整体情况等。

（4）消费者分析：对产品消费对象的年龄、性别、职业、消费习惯、文化层次等进行分析。内容包括：

- 营销活动针对的是目标市场的每个人还是某个特定群体？
- 营销活动控制在多大范围内？
- 哪些人是营销的主要目标？哪些人是营销的次要目标？了解他们的

活动路线以选择场地。

• 了解消费者的购物习惯以选择营销活动进行的时段。

• 了解消费者的价值观以选择相应的营销形式：赠品还是特价，摸奖还是派样。

• 了解消费者的信息关注点以设计营销活动主题，确定商品的附加卖点。

3. 市场机会与问题分析

营销方案是对市场机会的把握和策略的运用，因此分析市场机会就成为营销策划的关键。只要找准了市场机会，营销策划就成功了一半。市场机会与问题分析的主要内容包括：

(1)商品或整个消费品市场的数量和金额分析。

(2)营销现状分析。对商品的现行营销状况进行具体分析，找出营销中存在的具体问题，并深入分析其原因。

(3)市场机会分析。根据前面提出的问题，分析企业及商品在市场中的机会，为营销方案的出台做准备。

4. 确定具体策略与营销方案

针对营销中问题和机会的分析，提出实现营销目标的具体策略与方案，包括具体的营销策略、商品方案、价格方案等。

5. 预算

记载整个营销方案推进过程中的费用投入，包括营销过程的总费用、阶段费用、项目费用等。其原则是以较少的投入获得最佳的效果。常用的方法是用列表的形式标出营销费用，其优点是醒目易读。

6. 持续时间

营销活动持续时间过短会导致在这一时间内无法实现重复购买，很多应获得的利益不能实现；持续时间过长，又会引起费用过高而且无法形成市场热度，并降低卖场在消费者心目中的身价。

7. 进度表

把营销活动的全部过程拟成时间表，具体到何日何时要做什么，以便在营销活动过程中进行控制与检查。进度表应尽量简化在一张纸上。在正确的时间做正确的事情。在时间上尽量让消费者有空闲参与,在地点上也要让消费者方便。

8. 人员分配及场地

此项内容应说明具体营销活动中各个人员负责的具体事项、所需物品和场地的落实情况。

**(四)结束语**

结束语要与前言相互呼应,使营销策划书圆满结束。

**(五)附录**

附录的作用在于提供营销策划客观性的证明。因此,凡是有助于阅读者对营销策划内容理解、信任的资料都可以考虑列入附录。但是,可列可不列的资料还是以不列为宜,这样可以更加突出重点。附录的另一种形式是提供原始资料,如消费者问卷的样本、座谈会原始照片等图像资料。附录要标明顺序,以便阅读者查找。

## 二、营销策划书的写作要求

营销策划书和一般的报告、文章有所不同,它对可信性、可操作性以及说服力的要求较高。因此,在写作时要加以针对和强化。

**(一)寻找一定的理论依据**

要提高策划内容的可信性并便于阅读者接受,就必须为策划者的观点寻找理论依据。但是,理论依据要有对应性,纯粹的理论堆砌不仅不能提高可信性,反而会给人脱离实际的感觉。

**(二)逻辑通顺**

营销策划书逻辑要严谨,语言要通顺,要有层次感。一般来说,营销策划书应采用章节划分层次,像写论文一样,建立由总到分的逻辑关系。

**(三)适当举例**

通过正反两方面的例子来证明自己的观点。在营销策划书中应适当加入成功与失败的案例，这样不但能够起到调整结构的作用，而且能够增强说服力。需要指出的是，举例应以成功的例子为宜，选择一些国外先进的经验与做法以印证自己的观点是非常有效的。

### （四）用数据说明问题

营销策划书是一份指导企业实践的文件，其可靠程度是决策者首先要考虑的问题。营销策划书的内容不能留下查无凭据的漏洞，任何一个论点最好都要有依据，而数据就是最好的依据。在营销策划书中利用各种数据来进行比较、对照是绝对不可缺少的，各种数据最好都有出处以证明其可靠性。

### （五）运用图表帮助理解

图表的主要优点在于有强烈的直观效果，运用图表进行比较分析、概括归纳、辅助说明等有助于阅读者理解营销策划书的内容。图表的另一优点是能调节阅读者的阅读节奏。

### （六）正确合理地安排版面

营销策划书视觉效果的优劣在一定程度上影响着策划效果的发挥。撰写营销策划书要有效安排版面，包括合理安排打印的字体、字号、字间距、行间距，以及插图和颜色等。通过版面安排可以使重点突出、层次分明，严谨而不失活泼。

### （七）注意细节，消灭差错

对打印好的营销策划书要反复仔细检查，不允许有任何差错出现，对企业的名称、专业术语等更应仔细检查。

案例

# 某家电商场2011年度“营销推广及预算”草案

## 一、草案说明

2011年度营销推广预算在上年销售数据及本年度销售任务的基础上加以明确。

## 二、年度费用预算

(1)媒体预算:150万元。

(2)赠品折算:90万元。

年度费用预算总计约240万元。其中,争取自投120万元,争取品牌支持120万元。考虑到竞争实际,获取合作品牌支持难度越来越大,因此更应注重每个营销活动中各品牌礼品赞助费用的支持。

年度预算费用分解为:

(1)主要6个月(4月、5月、9月、10月、11月、12月等月份)应占整个媒体投放比例的3/4,即约112万元。每月媒体投入约28万元,每周投入约7万元。

(2)礼品费用分摊直接与同期对应销量挂钩,但主要分布在上述A、B、C三期(约6520万元销量,见下述三:年度销售任务分解),礼品费用约占同期销售额的0.9%。

## 三、年度销售任务分解(销售任务不含利润目标)

1. 按时间划分

全年52周,按104个双休日和260个正常工作日计算。具体分为:

A期:黄金期双休日30个,平均每天销售100万元,累计3000万元;

B期:相对旺季双休日32个,平均每天销售60万元,累计1920万元;

C期:相对淡季双休日40个(主要在2月、3月、6月、8月等月份),平均每天销售40万元,累计1600万元;

D期:正常工作日,平均每天销量20万元,累计5200万元。

总计年销量约1.172亿元,整体平均每周完成销量约224万元,每天约

32万元。

2. 按商品种类划分

视听:3200万元 数码:2000万元 手机:1600万元 空调:1500万元

冰洗:1200万元 厨卫:1500万元 小家电:720万元

**四、年度营销推广的四个时机**

(1)炒节。紧跟中国传统节日市场,如五一、国庆、元旦等。做好"预热、炒爆、借势"三点,抢占黄金档。

(2)造节。结合商场自身与市场实际,制造××家电特色节日,以点带面推动销售,即分批集中单类商品资源,带动整个商场销售。如彩电节、空调节、新居婚庆采购节等。

(3)抢节。在竞争对手的开业、店庆等大力投入时段,借其势以小投入抢收市场。

(4)日常。在相对消费淡季、非大规模营销期,应加强开展"小投入、高频率"的营销活动,即在相对淡季多投入人力资源,少投入资金资源,如开展以闭门销售、夜市团购、单类商品为主题的限时抢购、社区服务、公益活动等。争取在淡季使人力资源产生更多效益。

**五、年度营销传播的两条主线**

(1)重大活动开展及媒体传播的连贯性。将家电特色节日与中国传统节日相结合,即注重造节与炒节活动的连贯(如五一空调节、国庆彩电节、元旦重装店庆等),集中力量,最大化放大媒体传播效果。

(2)企业差异化形象的长期塑造。

某家电消费价值观:为追求高品位、优质生活需求者提供完善服务。

服务形象:实在、诚信、放心、公道。

某家电消费成本核算观点:实在价格+愉悦服务+放心售后=真正实惠。

**六、年度营销管理设想**

(1)在确定年度营销计划后,要有条不紊地推进计划执行。在逐步完成销售任务的同时,加强客户数据库系统的建设、管理和再利用。

(2)推动品牌平衡发展。家电品牌极为集中,各商场所经营品牌基本雷同。以彩电为例，一些合资品牌抢占较大的市场份额，而一些国内品牌却相对弱势，促使部分相对弱势品牌销量增长，不仅能提高商场的销量，同时也能为商场赢得更多活动资源。因此可在相对淡季说服此类品牌的厂商或供应商推出联合营销，既能体现出对该品牌家电的重视，同时也能为商场增加更多的营销机会。

(3)深挖品牌潜力。如小家电、厨具、国产空调等。小家电品牌多，市场需求也大，因此无论是在销量增长还是争取其资源支持上均可深挖。厨具尤其是整体厨房渐渐为消费者所重视，商场应结合厨具区相对舒适的展示结构，加大推广力度。在空调方面，竞争对手以小型家用中央空调为切入点，带动整套家电销售的模式或多或少会影响本商场的销售，所以商场要加大分体式空调的推广力度，促进分体式空调的购买，以防止顾客分流。

(4)争取品牌赞助。集零为整，聚少成多。每次重大营销日期各商场无疑会对一些彩电、空调、冰洗等大品牌发出邀请，这自然增加了商场落实的难度。因此，对品牌资源的争取应采取“宜广不偏”“量少胜无”的原则，分批跟进所有品牌。同时如前所述，阶段性说服品牌厂商开展联合营销，比单一“索要”更合适。

(5)尽量保持与前沿品牌、商品合作的优势。如音响区、冰洗区等，增加商场亮点，形成差异，同时保持品牌结构的合理性。这样既能满足以品质需求为主的顾客，也能满足以价格需求为主的顾客。

(6)分散媒体投入成本，扩大商场品牌效益。合作开发新的商场，突破竞争对手在空间上的包围，阻击顾客被大量分流。

附：主要竞争对手历年媒体投放、推广活动、营销、销量统计及市场占有率分析表(略)

## 复习题

### 一、简述题

1. 简述卖场营销活动的目标分类。

2. 简述营销活动的主题设计基本要求。

3. 列举你认为最有效的五种常见营销策略。

4. 简述销售预测的主要手段。

**二、案例分析题**

**“带着爱去旅行”活动**

“带着爱去旅行”是万达百货从2011年开始举办的年度品牌活动,2012年是第二届。“带着爱去旅行”活动在中国36个城市的38家万达百货卖场和线上同时启动,历时128天,共有1万多对情侣报名参加,通过初赛、复赛和网络投票决赛遴选出100对幸运情侣,搭乘“歌诗达”邮轮共赴五天四夜日韩之旅。其中,就有感动成千上万网友的盲人丈夫陈晓和他的妻子陈幻,他们如愿以偿地实现了一家三口第一次旅行的愿望。对于100对情侣来说,这是一场爱的海上Party,有极尽浪漫的“百对情侣接吻大赛”,有神秘的假面舞会……所有美好的回忆都在爱情的旅途留下难以磨灭的印记。

“我们希望给有爱的人们一次唤醒爱、享受生活的机会,通过此次活动把更健康、更时尚、更快乐的生活方式带给大家,传播‘爱’与‘旅行’的时尚理念。”万达百货副总经理王峰如是说。

“带着爱去旅行”:与营销无关,与品牌有关

仅就“带着爱去旅行”活动本身而言,人们很难将它与百货商场联系起来。在人们传统的印象中,百货商场无非是接连不断地开展打折、买赠、积分等营销活动,目的是直接提升销售额。然而,王峰介绍说,“带着爱去旅行”活动与营销没有任何关系,参与者不必购物,不设置任何门槛,只要你有爱。

“因为我们的主要目标客户群是年轻人,而爱情在他们的情感生活中占有非常重要的地位。我们希望通过这样一个没有任何功利色彩的活动传达爱的理念,使顾客感受万达百货带来的温馨,这与我们强调‘时尚’和‘爱’的品牌理念是一脉相承的。而且,这种零门槛参与的活动在中国百货行业可能是独此一家。”对于万达百货创新性的营销活动,王峰自豪地说。

那么,这样一个带有浪漫色彩的营销活动能为万达百货带来什么呢?很显然,万达百货希望通过创新性营销活动提升品牌知名度、美誉度以及对市场的辐射能力。以此次活动总决赛为例,总决赛以线上投票的形式进行,

活动官方网站15天的总访问量超过238万人次，网络投票多达37万次，从规模、参与人数、互动人数、关注度等方面衡量，万达百货取得了预期的效果。

另外，“带着爱去旅行”也是第二届万达珠宝钟表节的提前预热。爱情与珠宝原本就有着微妙的联系，因此两个活动相辅相成，而“带着爱去旅行”也得到了珠宝节参与品牌周大福的礼品赞助。“赞助品牌同样没有从活动中直接获益。我们希望通过爱的主题，由万达百货搭起一座桥梁，把我们的顾客和供应商联系在一起，起到品牌宣传的作用。”王峰说。

总结今年的“带着爱去旅行”活动，王峰说：“与去年相比，今年有很多进步，最重要的是顾客的参与热情明显提高，另一个明显进步是线上线下配合得更加熟练，线上线下活动开展、媒体配合、微博、微电影宣传效果等更好。我们对新媒体营销手段的运用也更加成熟了。”

万达百货对此次活动高度重视，对营销活动进行了精心的策划和执行，取得了理想的营销效果。在线下与精心选择的媒体合作，以主流媒体的时尚、消费、商业版面和频道为主，根据万达百货“时尚”的品牌特性，进行了超大版面和系列报道；在线上举办13场微博活动，以及1.7万人参与的微博抽奖活动，对24个微博热门话题进行炒作，有240位微博红人参与了互动推广，共有28万人参与微博互动。此次活动，在平面媒体和网络媒体的发稿量接近40万字，覆盖了近5亿的国人。此外，万达百货还推出4部表达“爱”与“旅行”内涵的爱情微电影，以生活中随处可见的爱情故事传达“时尚、爱、旅行”，观看数量达到67万多人次。

**思考题：**构思以父母与子女为主题的营销方案，并确定细节。

## 本章小结

营销策划方案内容主要包括营销的目标与主题、营销的范围与对象、营销策略的制定、销售预测、营销的时间与时机以及费用等。

营销目标是卖场通过营销策划的实施达到希望的目的。营销主题是营销活动方案的核心部分。营销活动的范围是指营销活动覆盖的商品种类。制定具体的营销策略是营销策划的关键环节,主要体现在市场营销组合的设计上。通过销售预测可以确定销售和成本,明白自身是盈利还是亏损。营销活动的持续时间与时机很关键。营销方案必须做出详尽的预算。

编写营销策划书需要注意及时性,使之落实为营销活动的纲领性文件。营销策划书没有一成不变的格式,但必须遵循营销活动一般规律,因为有些要素是共同的。

# 第六章

# 营销策划的广告宣传

## 学习目的与要求

掌握广告宣传对营销策划的意义,以及广告设计要点和评估方法。

## 关键词

信息;媒体;广告效果

## 课时

建议10课时。

## 导入案例

# 竞争者不满:沃尔玛的广告已经越界了?

如果你在去年一年左右的时间里看过任何电视,那么你很有可能已经看过沃尔玛最近的广告了,他们把重点都放在了“低价格的领导者”上了。攻击竞争对手的广告形式很多,但是一些竞争对手认为这一次——沃尔玛已经越界了。

这些竞争对手并不在乎沃尔玛通过广播、电视正在向消费者推广他们的低价格,他们也不真正关心沃尔玛在广告中说的价格和其他商店不同。然而,主要的问题是许多竞争对手都站出来说,沃尔玛并没有做出公平的比较。

在某些情况下,竞争对手表示,沃尔玛广告所推广价格的产品,实际库存非常低。因此,人们只有足够早,他们才能获得更低的价格。又或者他们愿意等待新货进来,也可能收到一样的商品。如果认为这不是更好的选择,也可以上网购物。

一个来自百思买的代表指出,沃尔玛宣称,比起百思买,他们有250美元的戴尔笔记本电脑。但百思买表示,任何品牌的笔记本电脑都有不同的型号。玩具反斗城还声称,沃尔玛在其假期广告中正在错误地推广广告价格,范围从玩偶到摩托车。

而在另一方面,沃尔玛发言人Steven Restivo声称,“在价格比较广告中,无论是法律、道德还是方法的标准上,我们是很自信的。”在这种情况下,势必需要一个法律专家小组进行深入研究,揭示孰是孰非这个话题。

据沃尔玛报道,自去年春天开始播出广告后,销售及商店访问量上涨均超过了1%。尽管这只是一个小百分比的增加,但这1%的实际人数其实已经是相当可观的了。人们相信,沃尔玛在播出这种性质的广告之前已经做足了功课。

资料来源:2013/01/06 http://i. wshang. com/。

# 第一节　广告在经营中的作用

## 一、广告的概念

广告是运用各种广告媒体向消费者传递消费信息以促进销售的一种直接促销方式。广告是企业单方面向消费者传递信息,属单向沟通,所以称之为“拉动”策略。

### (一)广告的要素

广告是一种信息传播活动,具备五个要素。

(1)传播者:广告主。

(2)传播媒体:广告媒体。

(3)传播内容:广告所传播的信息。

(4)受传者:广告传播的对象。

(5)传播目的:广告传播要达成的目标。

### (二)广告的意义

对企业经营来说,广告是不可或缺的竞争手段,是市场营销活动的重要组成部分。

(1)广告是最大、最快、最广泛的信息传递媒介。

(2)广告能激发和诱导消费。

(3)广告能较好地介绍产品知识、指导消费。

(4)广告能促进新产品、新技术的发展。

广告是现代营销的一个重要策略。广告的传播效果也称为广告的接触效果或心理效果,良好的广告到达或接触会对消费者产生最直接的各种心理效应。卖场可以通过定位分析后选择广播、电视、报纸和网络等方式进行与自身有关的商品或服务信息的宣传,从而起到吸引消费者、促进销售、树立自身形象的效果。

比如,定位于青少年消费群体的某百货商场总经理对广告发布的要求是“让全市孩子都知道”。为了使广告宣传更加有效,商场先是对各种媒体的发行量、收看率做了认真的调查,选择青少年关注的媒体发布广告,如某游戏网站、某晚报、某青少年杂志、电视台等,广告词简洁、明了、到位、有特色,有效地引起了当地青少年的兴趣。其结果不仅吸引到青少年消费群体,而且同时带来了其父母,因为他们往往和孩子们一起购物。

## 二、广告媒体的选择

传统四大广告媒体是电视、电台、报纸和杂志。现阶段,网络和杂志是各类市场消费群体高关注、到达率较高媒体;电台和报纸是非主流市场消费群体高关注的媒体;电视和户外则是高到达率媒体;电视和报纸是最多人接触的媒体。

随着经济与社会的发展,互联网媒体、手机媒体、户外广告、现场广告异军突起,成为新的增长点,其作用也越来越明显。近年来,国内市场网购盛行,这种快捷便利的消费方式日益受到消费者的青睐。在网络购物的强烈冲击下,传统零售业的消费者不断被分流,且速度惊人。

规模较大的卖场可以考虑采用传统的四大广告媒体。但对规模较小的卖场来说,最常用的广告媒体是户外或现场广告,其具体形式具有多样性。如招牌、看板、路牌、招贴、交通工具、灯光、橱窗、包装、店内 POP、口头宣传或店内广播、演示、可视幕墙、电子显示屏、红布条、DM 宣传单、海报等。

按营销主题来划分,卖场开业促销常用的媒体是报纸、宣传单、电台、交通工具、户外红布条、海报、POP、店内广播、新闻稿等。年庆促销常用的媒体是报纸、宣传单、DM、海报、红布条、POP、店内广播等。例行性促销常用的媒体是宣传单、DM、海报、红布条、店内广播等。

POP 广告(Point of Purchase Advertising)是指在各类零售终端的橱窗里、走道旁、货架、柜台、墙面甚至天花板上,以消费者为对象的彩旗、海报、标贴、招牌、陈列品等广告物。

卖场对广告媒体的选择既要符合企业自身情况和战略，同时还要兼顾目标群体的喜好。例如，针对儿童的商品就可以根据儿童的特点，在电视台儿童频道以动画短片的形式展现，这样不仅将商品信息传达给儿童，同时能够吸引成人的目光。对于一些快速消费品，则可以选择和商品契合度较高的方式，例如，网络上十分流行的争车位、开心农场等游戏，就吸引了很多汽车企业和饮料企业的加入，并取得了非常好的效果。

随着互联网的不断发展，微博等工具也被开辟为新的广告平台。微博在出现之初，更像是一种传播手段、一种互联网上的社交应用，并没有太强的商业属性。但已有企业开始尝试对其加以利用，他们用话题、搜索、群组、私信、关注等方式从海量的信息碎片里寻找属于自己的客户，用对话、知识、问候、奖励、活动黏住客户，提升客户的忠诚度，鼓励他们用口碑、跟帖、转发、聊天等工具，像意见领袖一样影响更大范围的受众。一般来讲，受众与企业经过几次对话和体验以后，接受企业商品与服务的比例会很高。而且一旦他们接受了该企业的商品与服务，新的关注者又会源源不断地出现，形成营销上的良性循环。

案例

## 某大型卖场项目定位及广告策略

### 一、客户定位

(1)3 公里核心消费圈：以城东板块与顺峰山板块为核心，未来规划人口超 10 万人。

(2)10 公里主要消费圈：以顺德中心城区(大良、容桂、伦教三镇)为核心，未来规划人口超百万人。

(3)30 公里补充性消费圈：覆盖顺德及周边地区，人口超 300 万人。

(4)旅游休闲消费群：预计每年超 20 万人。

## 二、消费者特征分析

1. 消费力较强

据统计，今年上半年，顺德的恩格尔系数已经跌破30%，进入联合国粮农组织划定的最富裕区。顺德城镇居民家庭上半年人均可支配收入达到10350.89元，人均消费性支出7686.88元。

数字表明，顺德城镇居民人均可支配收入比全省平均数(7263.51元)多出3087.38元，高出42.5%；支出比全省平均数的5257.79元多2429.09元，高出46.2%。上半年顺德商品销售总额为214亿元，同比增幅达27.7%。

2. 消费外流严重

外出旅游休闲兼购物已经成为顺德人的消费习惯。每逢节假日，成群结队的顺德人自驾车去到香港、澳门、广州、深圳、佛山、中山等地休闲购物，消费额巨大。

3. 消费国际化、品牌化、高档化

顺德经济发达，人们生活富裕，对品质生活的追求也越来越强烈，对品牌、名牌商品的喜好度也在增加；顺德人也经常走出国门，购买国际品牌商品。因此，国际化、品牌化、高档化将成为顺德消费的主流趋势。

4. 休闲消费最受顺德消费者欢迎

顺德人喜欢外出旅游休闲，也喜欢进茶坊、沐足、桑拿、泡吧等。娱乐休闲已成为顺德人工作之余的主要生活佐料。

## 三、主要宣传手段

1. 点面结合原则

根据目标广告对象接触媒介的习惯，采用点面结合的媒介方式，在目标受众范围内建立知名度和信誉度。

面：采用传播范围较广的电视和报纸媒体，有针对性地树立品牌的社会形象，也可运用软性新闻广告进行一定的新闻炒作。

点：针对广东省的重点市场，在当地电视台投放广告，并配合当地的户外、报纸媒体，以确保企业知名度在短时间内飙升。

2. 电视战略

(1)选择香港翡翠或者本港台覆盖珠江三角洲，降低电视广告成本，提高广告到达率。

(2)选择顺德和中山的重点城区的有线电视台(翡翠、本港频道),提高广告的收视率。

确定投放量:每个地方保持400～500GRPs(收视点)的曝光。

3. 报纸战略

(1)选择《广州日报》作为覆盖全省的报纸媒体,选择《广州日报佛山新闻》《佛山日报》《珠江商报》作为重点城市的补充媒体。

(2)确定投放量:每份报纸都选择1/4彩色版投放广告,部分时间可采用一些特殊版式广告(如报眼广告);另外,还要投放户外广告,因为户外广告的人流、车流浏览量大、覆盖面广,可以补充传统媒体户外时间覆盖不足的欠缺。日夜展示,更具视觉冲击力,以最贴近的方式将品牌信息随时随地地传递给消费者,可以对消费者产生持久的影响力。

4. 户外战略

户外广告可以以较低的成本增加消费者对广告的接触频次,加深消费者对品牌的印象,具有显著的媒体放大效果。

户外广告更接近销售终端,在更大程度上影响消费者的购买决定。

户外广告传递信息直接,不占用消费者的时间,可以有效地避免媒体投放费用的流失。

选择地段:广珠公路、大良、中山中心城区、项目现场。

5. 电台战略

选择投放的电台:顺德收听率最高的三个电台。

以全天广告套播或者特约栏目的形式播出广告,单位价格最低。

## 第二节 广告设计与现场广告

### 一、广告设计

人的行动是受心理(思维)支配的,广告作为一种传播活动必须考虑心

理效益,即广告对受众的心理影响,在认知、态度、行为层面上设法取得预期的效果。卖场广告设计应注重以下四个方面:

### (一)重视广告语

广义的广告语是指通过各种传播媒体和招贴形式向公众介绍商品、文化、娱乐等促销内容的一种宣传用语,包括广告的标题和广告的正文两部分。狭义的广告语则单指广告的标题部分。

标题是一则促销广告的灵魂,是诱惑读者的主要工具。美国的一项相关调查显示,看标题的人平均是看广告全文的人的 5 倍,可见广告标题的重要。

例如,同一则促销广告的标题有两种表达方式:

标题一:《用左手,一定抽到奖;用右手,随时抽到大奖》

标题二:《回馈消费者,百分百抽奖》

显然第一种效果更好。如果卖场能够巧用概念营销,用上一句经典的广告话语加上得体的背景画面,这样的宣传方式更有卖点、更有针对性、更能吸引消费者。

以户外广告为例,春季推广可用广告语"拥有美丽的容颜就是拥有美丽的春天",配上女性脸庞的画面;夏季推广可用广告语"随风轻轻摆动",配上"沙滩、蓝天、椰树"等背景加以诠释;端午节可用广告语"这是我们的端午节",配上教师、儿童、家庭主妇、医生、工程师、商人的生活场景;儿童节可用广告语"孩子们的笑对我们很重要",配上孩子们纯真的笑脸,然后充分包装。

### (二)让广告适销对路

力争选择合适的方式、合适的媒体、合适的区域,针对主要竞争对手的价格和促销形式进行广告宣传。要把图文并茂、有血有肉的宣传信息和广告传媒有机结合,在广告内容上既要有诱人的数字折扣宣传,又要有吸引人的文字描述,如果加上与消费者的趣味互动,则更能推动促销活动的成功开展。

与此同时,还要合理掌握宣传节奏,在促销活动开始前预热,在促销活动进行的过程中强化，在促销活动结束后予以总结点评，并提示下期消费看点。

### （三）完善店内导示宣传系统，统一店内外视觉形象

在卖场内部通过指示牌、楼层宣传栏、上下扶梯楼层指示明确楼层布局，通道功能指示牌等标注品类分布、配套服务导购和优惠信息，让消费者一目了然，有效地吸引消费者产生购买欲望，进而产生购物决策，并实现最终购买。

### （四）广告要具有冲击力

广告要先声夺人，以视听觉给人冲击力，语言简洁、明快，使受众第一次过耳目便可记忆。积极通过广告、供应商、消费者的口碑效应等多种形式、多种层次、多种渠道的宣传，树立卖场充满自信、勇于创新、开拓进取的良好精神风貌。

## 二、现场广告

现场广告是指设置在卖场销售场所内外的广告。现场广告对营销活动的效果具有重要意义，关系到营销活动能否顺利吸引消费者的关注。现场广告有助于唤起消费者以前对于商品的记忆，也有助于营造现场的购买气氛，刺激消费者的购买欲望（见表 6－1）。

美国大卖场 Safeway 曾为国际知名日化生产商——宝洁举办了一次规模不小的营销活动。和美国大部分超市一样，在 Safeway 热销的是生鲜商品，包括护发用品在内的日用品表现一般。为了吸引美国女性消费者在 Safeway 买菜的同时也关注日用品，Safeway 将整个护发品区域进行了重新包装，商品的布置并没有直接将宝洁的名称放在显眼位置，但是所有广告语的字体、颜色均与宝洁一贯使用的字体和颜色保持一致，而一些广告语的用词尽管没有宝洁两个字，却能令消费者轻而易举地联想到宝洁。在这次活动中，Safeway 护发品柜台人气大增，而宝洁自然是其中的焦点所在。这次活动令宝洁护发类产品销量大增。

**表6-1　主要现场广告形式及要求**

| 名称 | 用途 | 使用要求 | 摆放位置 |
|---|---|---|---|
| 气球拱门 | 营造活动氛围,展示活动主题 | 固定完好,整洁干净 | 门口处 |
| 帐篷 | 营造活动氛围 | 固定完好,整洁干净 | 门口处或空场地 |
| 促品堆头 | 营造活动氛围 | 使用包装箱或专门堆头箱堆放,整齐有序 | 入口处黄金展位,促销商品旁,展示现场 |
| 条幅 | 宣传促销、直降、特价信息 | 条幅制作宁短勿长,笔挺垂直美观大方,尽量四角固定 | 店面门头正下方,画面面向主通道;店内主形象墙上方,不要遮挡形象墙 |
| 某展架 | 宣传促销、直降、特价信息 | 固定完好,展面整洁 | 店面入口处 |
| DM 宣传页 | 介绍产品性能、价格信息,当期活动内容 | 单摞厚度5~10厘米,叠放整齐,内容一致,方便取阅 | 统一放在样品右侧或展柜桌右侧 |
| 托架 | 强化展示,丰富样品效果 | 使用统一款式托架,左右摆放间距30~50厘米,同一展柜摆放间距一致,前后距离一致,保证同一平面,保证整齐 | 产品正下方 |
| POP 海报 | 发布促销活动或产品信息,展示产品功能、价格 | 整洁垂直、美观大方,四角固定 | 店面外部报栏上、店内主推产品上方,画面面向主通道 |
| 宣传海报 | 展示当期主打产品、活动主题 | 四角固定,张贴平整,不折角、不起页 | 展柜柜门、墙面,不要遮挡商品LOGO,禁止粘贴在墙面,或覆盖其他海报粘贴 |
| 爆炸贴 | 介绍产品功能、价格信息 | 同一内容爆炸贴不在同一款样品重复使用 | 放置或粘贴在样品上方、价签牌上 |
| 桌卡 | 介绍产品功能特点 | 倾斜角度一致,保证同一平面 | 统一摆放在样品右侧 |
| 价签牌 | 展示产品配置、功能、价格 | 使用同一款式价签牌,书写或打印清晰,包含主要型号和价格信息,保证同一平面 | 统一摆放在样品左前方 |

# 第三节　广告效果评估

## 一、广告效果评估的意义与内容

广告最终的目标是树立企业良好的社会形象和声誉，创造和谐的社会环境，赢得公众的支持。因此，广告引起的最终效益对卖场非常重要。

### （一）广告效果评估的意义

广告效果评估是指广告活动实施以后，通过对广告活动过程的分析、评价以及效果反馈，检验广告活动是否取得了预期效果的行为。其意义在于：①科学的广告评估是广告工作程序的有机组成部分。②评估的能力成为广告公司服务水平的标志之一，也是客户选择广告公司的指标因素之一。

广告效果评估是开展广告活动必需的一个环节。企业都非常希望了解通过媒体发布广告之后，目标消费群到底受到了多大程度的影响。通过广告效果评估，企业可以了解到消费者对广告活动的反应，包括广告主题是否明确、广告诉求是否准确有效、广告预算安排是否经济合理、媒体安排是否正确等信息。然而现状是，由于缺乏规范有效的评估体系，绝大多数企业的广告效果评估成为营销工作的死角。因此，建立一套科学可行的广告效果评估体系，成为企业经营活动的一项重要课题。

广告宣传评估应从媒体投放和商场布置投放两方面资金评估开始，将总的广告投入费用与总的销售收入对比，以得到的广告效益比衡量广告宣传投入是否值得。评估广告效果的客观标准是经济效益、社会效益和心理效益，以经济效益为主，兼顾社会效益和心理效益。

### （二）广告营销策划效果评估的内容

1. 对广告调查的评估

（1）调查结果的可信度、误差，方法的科学性、信度和效度。

（2）收集的资料是否全面、充分，关键材料运用情况。

(3)收集的资料对广告活动的适应性。

(4)广告预测的准确度等。

2. 对广告策划的评估

(1)广告计划与广告目标是否一致,内在逻辑关系是否联系紧密,广告成功的可能性是否得到最大限度的利用。

(2)广告决策的正确性,广告策略的运用情况。

(3)广告主题的正确性,创意的新颖性,诉求的明确性,目标消费者的把握性。

(4)广告预算与实际费用的情况,与广告效益的关系等。

3. 对广告实施的评估

(1)广告文案是否科学、准确,广告用语是否简洁、准确。

(2)广告设计、制作的质量如何,广告作品是否具有吸引力、说服力。

(3)广告发布策略运用恰当与否。

(4)广告媒介的选择与组合是否科学合理,广告信息是否准确到达目标受众。

(5)可能接受广告信息的目标消费者与实际获得广告信息的目标消费者的数量。

(6)广告活动是否在预定区域展开,所作的努力是否与计划一致。

4. 对广告效果的评估

(1)广告计划在取得预定的广告目标上是否有效,所取得广告效果能否用计划外的其他工作代替。

(2)广告计划在实施过程中是否有超出计划的作用。

(3)是否最大效益地使用了资源。

(4)接触广告信息的目标消费者的数量,注意和理解广告信息的受众数量。

(5)接受广告内容改变态度、意见、观念的目标消费者的数量。

(6)按照广告导向采取行动的消费者的数量和重复采取类似行动的消费者的数量。

(7)是否达到预定目标等。

5. 对广告经济效益的评估

(1)广告是否培养了新的消费需求,是否发挥了市场扩容的功能。

(2)广告是否激发了消费者的需求欲望,是否有效地引导消费者产生购买行为。

(3)广告是否提高了企业的市场占有率。

(4)广告是否突出了本企业商品在消费者心目中的地位,提高了消费者的指名购买率。

(5)广告是否增强了商品的销售力,扩大了企业销售量。

## 二、广告效果的评估

### (一)广告效果评估方法

广告效果评估方法主要有两种,评估小组评估法和市场调查法。

1. 评估小组评估法

由卖场执行广告计划的小组或专门成立的小组进行广告效果的评估。基本的方法是调查研究,具体方法多种多样,包括直接评分法、询问法(电话访问、问卷访问、拦截访问、入户访问、回函调查)、实验室测试、组合测试等。西方广告界常用的方法是达格玛法——DAGMAR(为“测试广告效果确定广告目标”的缩写)。

2. 市场调查法

卖场可以通过与市场调查公司长期合作,开展全年持续的广告效果调查,包括事前调查以有效选择广告案、事中调查以及时调整广告发布的计划、事后调查以总结经验评估效果。也可通过多种与客户互动的渠道开展市场调查。例如,通过设立有奖调查热线进行调查;在报纸、宣传单、网站等宣传媒介上刊登有奖调查问卷进行调查;在不同媒体上公布不同咨询号码或有奖调查热线检查媒体的到达率;通过对客户来电咨询进行分析得到客户信息等。

### （二）广告效果评估指标

广告活动作用于消费者而引起消费者的一系列心理反应可以概括为感知、记忆、理解、评价和行动过程，对应的评估指标有五种。

1. 感知

注目率、阅读率、精读率是评价平面媒体（如报纸、杂志等）、户外媒体（如各类广告牌、海报等）等媒体上的广告吸引消费者眼球和引起回忆的能力。视听率、认知率是评价广告在视听媒体上的传播效果，即吸引消费者眼球与耳朵能力的指标。

2. 记忆

记忆包括瞬间记忆广度、事后回忆率等指标，这两个指标针对的是广告的记忆度，即消费者对广告印象的深刻程度。

3. 理解

主要强调理解程度这一方面。通过对广告诉求理解程度的分析，考察广告诉求设计与用户实际关心的信息是否最大限度地契合。

4. 评价

评价即对商品的好感度，包括商品喜好率、广告/商品信任度、商品尝试率、商品偏好率等。

5. 行动

行动主要包括购买决定、购买行动等。购买决定是测定广告对消费者购买行为的影响，即了解消费者购买商品的行为是随意的还是受广告的影响。此指标还可细化为意外率、强化率和转化率，考察对象为广告期间发生了购买行为的消费者。

### （三）广告经济效益测算

广告活动的经济效益可以通过三种测算法测算。

1. 广告费用比值法

$$广告效益 = 销售增加额/广告费用增加额 \times 100\%$$

反映了增加广告费用与销售额增加的关系。或

广告效益 = 本期销售额基期销售额/本期广告费用额 ×100%

反映了本期全部广告费用额与销售额变化的关系。

2. 销售额比值法

广告效益 = 广告费用额/销售额 ×100%

反映每1元销售额所承担的广告费用额的比值，其计算值越小，广告效益越大。

3. 注意度测算法

广告注意度 = 对广告内容有印象的人数/接触广告媒体的人数 ×100%

## 复习题

### 一、简述题

1. 为什么说广告是不可或缺的竞争手段，是市场营销活动的重要组成部分？

2. 列举传统四大广告媒体与新兴广告媒体。

3. 卖场广告设计应注重哪些方面？

4. 广告活动引起的心理反应对应的评估指标有哪些？

### 二、案例分析题

#### 三联家电在福州的宣传战

在三联家电进驻福州之前，福州家电市场已形成从以大型百货商店、专卖店到综合大卖场不同业态交相混战，竞争相对激烈的局面。先后形成了以东百、大洋、华都为代表的东街商业区，以环宇、九阳为代表的台江商业区，以大利嘉为代表的区域家电批发零售中心。

一线品牌是环宇、九阳专业家电卖场。这两家卖场在形式上与三联家电有相似之处，而且比三联家电更早开业，是最具竞争力的对手。二线品牌是以大利嘉、电子城为代表的区域家电批发商，它们由许多小商家组成，特点是小而全，在经营运作上灵活多变，但整体缺乏核心竞争力，难以形成统一战线。三线品牌是东百、大洋、华都、沃尔玛、麦德龙等百货、综合性超市，

它们的主业不是家电,因此在家电零售上投入不大,竞争力相对较弱。

三联家电的优势在于规模效益。作为福建省最大规模的专业家电连锁卖场,三联家电拥有当时全福州同类企业中最完善的物流体系、最齐全的商品线、面积最大的营业厅、面积最大的售后服务专区,因此引起了各大厂家的关注和重视,各大厂家在资源让渡上逐渐向三联家电倾斜。

三联家电在对福州家电市场进行调查时发现,行业内各项促销活动的品牌参与数、影响力、促销力度和厂商支持度都不是很高,均属于小规模的促销,缺乏整体性的大而全的促销活动。因此三联家电将活动定位于全线品牌参与的大型促销活动。为了让促销活动更有影响力、效果更加明显,借势、造势必不可少。

《海峡都市报》是福建最受欢迎的市民报之一,其发行量及民众关注度均为同类报纸中的佼佼者。作为第一位与媒体联合进行大规模炒作的家电零售商,《海峡都市报》也十分珍惜和支持与三联家电的合作,在媒体造势和活动先期宣传方面都给予了极大的支持配合,以《海峡都市报》、三联家电联合命名的"海都三联首届家电节"构想就这样横空出世了。

有了对方案的初步构想,要让方案真正起到作用和产生效果,主要还是看促销方案的内容。大型商场促销活动一般由三个不同作用的分支部分组成,分别为宣传活动、主线活动和促销活动。

主线活动:促销活动的核心内容,它贯穿于促销活动的整个过程,是促销活动的主要内容。争取知名品牌支持,扩大知名度、影响度对于三联家电这家才登陆福州市场不久的企业来说是最为重要的。构建品牌联盟、关注品牌、保护品牌成为三联家电此次促销活动的重要目的之一。因此,主线活动为"时尚家电,精致生活"的名牌厂商文化展,同时举行各大品牌的促销让利活动。

促销活动长达1个月(5月31日—6月29日)。在品牌促销让利安排方面,6月是空调销售的旺季,因此空调促销成为促销活动主推项目,贯穿整个促销活动。三联家电选择促销活动开始(5月31日—6月1日)及结束前(6月28—29日)为全线产品让利促销。中间4周,每周根据不同的侧重点选择不同套系产品进行促销让利,如电脑、数码相机、手机为一套系的促销,彩电、空调为一套系的促销等。这样安排促销活动，使每周都有新内容，同时也不忽略主线活动的推广，使总体营销活动内容充实丰满。

促销活动：这里的促销活动的是指为主线活动添枝加叶的活动，主要以时段促销、周末促销为主，其主要作用是带动营业清淡时段的销售，凝聚人气，深度挖掘最大消费潜力等。在做大型的促销活动时，要在原先营销策划好的促销活动基础上，根据市场变化，增加不同的促销活动，使总体促销活动更好地达到预期效果。

本次家电节促销活动的安排是，周一至周五"早安、晚安，三联有礼"，以购物赠送折扣券的形式在人气最低迷的时段销售；周末带动人气的"限时、限量惊爆抢购"；打击竞争对手，抢拉客源的"超低特价，超级好礼"。每一项促销活动都有其针对性，在总体促销活动中起到画龙点睛的作用。

宣传活动：宣传活动不以销售为直接目的，而是通过宣传整体促销活动及企业形象间接带动销售，是整体促销活动必不可少的部分。特别对商场促销来说，宣传活动的营销策划也是不可缺少的一部分，它不仅能为商场带来人流量，而且还树立了企业形象。

媒体造势是宣传活动的主要方式之一。在促销活动开始前的一周，三联家电就开始在《海峡都市报》投放整版"三联首届家电节"的硬广告和"榕城6月空调谁来救市"等软文以及在巴士广播网半点报时广告等媒体将主推产品，特别是空调的各类促销信息全部刊播出来，通过媒体先将市场预热，为后面成功地打好销售战奠定了基础。

公益性活动是也宣传活动的方式之一。本次家电节的公益性活动"'健康天使，白衣战士'三联家电义卖表真情"活动，就是根据时机设计出的公益活动，取得了很好的效果。本次家电节适逢当年5—6月份全国上下抗击"非典"，各地的医生都在积极支援小汤山，此时举行义卖表真情活动，在献爱心的同时，很好地树立起了企业公众形象。

厂商联合活动在保护品牌、增强厂家信心的同时，起到了很好的宣传作用，也是宣传活动的方式之一。构建品牌联盟，争取最大限度的厂家支持，是此次家电节的举办宗旨之一。因此，厂商联合活动成了必不可少的活动。"八亿时空动画贺卡大赛之大话三联""三联之夜惠威强片之夜"是本次家电节两个具有代表性的厂商联合活动，在宣传电脑品牌八亿时空、音响惠威时收到了不同凡响的效果，引起了许多电脑爱好者及音响发烧友的关注。

资料来源：2003年12月22日，李虹，江勇．商场促销——三分策略，七分执行，中国营销传播网

**思考题：**卖场在借势、造势时如何突出自身特色？

## 本章小结

广告是运用各种广告媒体向消费者传递消费信息以促进销售的一种直接促销方式，是不可或缺的竞争手段。卖场可以考虑采用四大传统广告媒体或户外与现场广告等。

广告设计应注重广告语；让广告适销对路；完善店内导示宣传系统，统一店内外视觉形象；广告要具有冲击力。广告效果评估是开展广告活动必需的一个环节，科学可行的广告效果评估体系是企业经营活动的重要课题。

广告评估方法主要有评估小组评估法、市场调查法，并通过相应测算法进行测算。

# 第七章

# 营销活动的执行与评估

## 学习目的与要求

掌握营销活动准备、执行、评估各阶段的原则及要点。

## 关键词

准备;监控;评估

## 课时

建议 12 课时。

**导入案例**

## 家电卖场试水自主以旧换新

从两年前的家电以旧换新到今年首次试水的家具以旧换新,政府部门的"官方促消费手段"开始被企业广泛借鉴。上周,苏宁、国美、大中等卖场在 iPhone 5 开售之际纷纷推出苹果手机产品以旧换新活动,这也被看作实体3C 家电卖场在电商挤压后的营销创新。与此同时,消费者也在担忧回收的旧手机是否会流入二手市场,而企业是否能让"以旧换新"成为抢占市场的新利器?

### 受"果粉"追捧

据本报此前报道,早在一个月前,大中电器就已经开始试水苹果部分产品的以旧换新。在 14 日 iPhone 5 上市后,苏宁、国美和大中纷纷加入 iPhone 产品的以旧换新大战,最高回收价格达到 3500 元。除了正版行货外,港版、美版 iPhone 也在回收范围内。

市场反应也给了卖场足够信心。苏宁方面提供的数据显示,从 14 日零时首发到 18 时 30 分,不到一天的时间里,在苏宁渠道通过华星环保回收苹果手机近 300 台,其中 iPhone 4 占据近 70% 的比例。苏宁方面透露,回收到的八成旧机均为 16G 版本,使用期限大多在一年及以上。

大中电器是京城最早推出苹果产品以旧换新的家电卖场。大中电器市场部经理杨海惠表示,苹果产品以旧换新活动得到了消费者不错的反响。苹果产品的销量与去年同期相比,增长了约 25%。"10 月底,大中电器在北京的 4 家卖场进行了苹果产品以旧换新的尝试性销售,从目前市场销量不错的情况看,年底大中电器在北京的 61 家卖场都将参与以旧换新活动。新推出的 iPhone 5 也将参与其中。"

上周日,在苏宁刘家窑店参加以旧换新活动的李女士告诉记者,她的

iPhone 4 手机回收价约为 1100 元，“这个价格与卖到旧手机市场的价格差不多，但因为渠道比较正规，不用担心资料泄露的问题，而且在正规渠道回收也比较环保。”李女士说。

资料来源：2012 年 12 月 19 日《北京商报》。

# 第一节 营销活动的前期准备

## 一、营销活动的内部准备

内部准备分为部门间的协调配合、员工培训和商品备货。

### （一）部门间的协调配合

每一个职能部门都是卖场这台大机器必不可少的零件，无论哪一个部件出现了差错，都会影响整台机器的运转。在卖场营销活动的执行过程中需要各职能部门的协调配合，一般涉及卖场的策划部、销售部、采购部、财务部、储运部、防损部等部门。

营销方案必须是切实可行的，要得到领导的信任与支持，以及其他部门的相互合作、全力配合。一般来说，营销策划人员不直接参与策划方案的实施，但执行过程中营销策划人员要积极运用自己的组织协调能力，确保各部门之间能够通力合作，消除彼此之间的抵触心理。

营销活动牵涉到不同的部门、不同的人员、不同的地区，是一个复杂的系统工程。策划部门与其他部门既要有不同的分工，更要有高度的合作精神。现实中不少营销方案在执行过程中出现问题时，参与各方不是共同努力想办法解决，而是第一时间推卸责任、互相指责，导致营销活动停止甚至失败。要解决这个问题，就应该严格明确各部门职责。哪个环节出现偏差都由相应的部门负责，迫使各部门自己想办法或是与他人合作来解决问题。

部门间协调配合的重点是做到多方动员、多方协同、物流安排、责任到位。

### （二）员工培训

营销活动的主体是人，人的因素也是决定促销策略成败的关键。卖场在组织营销活动前对内部员工进行培训是非常必要的。

1. 统一内部认识

营销策划首先要解决企业内部存在的问题。只有企业内部统一了认识，企业员工形成了合力，才能实现营销策划的目标。

2. 员工了解营销策划方案

制定更适合企业的营销策划方案。在企业营销方案实施之前和实施过程中，要通过各种方式使企业全体员工了解营销策划方案，理解营销活动的必要性，明晰最终目的，了解导向，从而支持并认真执行企业的营销方案。

3. 协调内部关系

要落实企业的营销方案，实现策划的目标，就必须强化企业凝聚力，加强企业内部关系的协调。

4. 提高经营水平

员工通过培训，了解营销方案的意图，自然会更积极地实施，有助于企业管理水平的提高。

卖场员工培训可分为两部分：①针对执行人员的活动培训；②针对促销、导购人员的销售培训。

第一部分是由卖场全体员工参加的培训，由营销策略执行负责人全程指导培训，以口头、书面、图示、现场演示等方式充分说明营销方案的内容，让每位执行者明确营销活动目的、政策、执行流程、注意事项及营销活动统一的宣传口径。准备工作责任到人，规定完成时间、检核人，并在营销活动前确认各项工作落实到位。

第二部分是针对促销、导购人员的销售培训。导购、促销人员是整个营销活动执行过程的核心，其一言一行直接影响到销售及卖场声誉。因此应在全员培训的基础上单独对导购、促销人员进行销售技巧的特别培训，让导购、促销人员更深刻明确营销活动的目的和政策，掌握推销技巧，包括推销心态(保持积极愉快的工作状态,积极主动地进行推销)、推销话术(消费者异议回答话术、针对目标消费者的话术等)等的培训。

卖场活动中一般会招聘部分临时促销人员或由供应商提供促销人员,这部分促销人员必须经过培训方可上岗。对临时促销人员要进行严格把关,宜精不宜多,避免鱼龙混杂。好的临时促销人员可以保留档案以备下次活动聘用。一定要在营销活动前确定人数和工作时间与合作方,同时确定促销人员工作分工和职责,并进行激励:传达企业销售政策,制定科学可行的现场激励制度,提振促销人员的积极性。

### (三)商品备货

很多卖场都曾由于计划不周,备货不足,在产品销售最快的时候无货可卖,不仅损失利润而且影响企业自身形象。也有的卖场由于对市场形势估计过于乐观,活动前存货量过大,以致造成商品积压,活动结束后又不得不压价处理。因此,营销活动的备货要适中,不能过多也不能过少。卖场必须分析在营销活动期间可能出现的影响销售的因素,结合当地的经济发展状况、天气趋势、流行时尚、供应商支持程度、物流配送等因素,以及市场实际,找到一个合理的备货平衡点,确定一个合适的存货量。

## 二、营销活动的外部准备

卖场要想让营销活动的效应最大化,还要充分地考虑各个流通环节的需求,围绕消费者需求以及渠道价值链进行外部准备。

### (一)供应商

关于供应商的营销活动准备,卖场要更多地关注供应商的供货与配送。围绕这一点,卖场可以给予供应商一定奖励,以此激发供应商更好地做好安全库存准备,防止缺货、断货。比如,某连锁卖场在春节活动前一个月,举行了声势浩大的订货会,规定对及时配送发货达到一定标准的供应商均给予一定数量的利润返还,吸引了很多供应商的积极参与。

### （二）分销商

分销商处在中间核心环节，上接卖场，下连消费者，是实现商品销售的“最后一公里”。因此，关于分销商的活动准备，卖场也要充分结合分销商的渠道功能定位。既然分销商担负着承上启下的作用，其主要职责就是商品分销、消费者开发与维护等，卖场要多给分销商促销品支持以及销售人员支持，通过统一策划与设计的促销品，配备一定人员实施分销，协助分销商做好商品分销或者消费者的开发工作。

### （三）外联报批

卖场的外联关系维护是一个长期过程，尤其在大型营销活动筹备中，一定要根据市场状况与政策法规做好城管、物业、工商、环卫等关联部门的外联报批工作，保证营销活动的执行万无一失。

### （四）消费者

关于消费者的活动准备，卖场要结合他们的消费与购买特性，设计活动的具体内容与细节。同时有必要进行试验来判断活动方式与工具的选择是否正确，刺激程度是否合适，现有的途径是否理想。试验方式可以是询问消费者、填调查表或在特定的区域试行方案等。只有这样，营销活动才能更有针对性，才能更有的放矢，才能收到最大化的效果。

## 三、营销活动的现场准备

营销活动的现场准备必须及时、到位，充分营造现场气氛，以确保达到预期目的。具体包括以下内容：

### （一）人员分工

成立营销活动组委会，对营销活动准备期的工作进行明确分工。在人员安排方面要“人人有事做，事事有人管”，每个环节有人负责，人人职责清楚，无空白点、交叉点。一切工作落实到人、落实到具体时间，并有详尽完整的时间进度表：谁是营销活动的牵头人和总负责人？谁分管落实执行？谁分管后勤保障？谁具体负责什么项目的跟进和落实？谁负责与政府、媒体的沟通？谁负责文案写作？谁负责现场管理？谁负责礼品发放？谁负责消费者投诉？各个环节都要考虑清楚，否则就会临阵出乱，顾此失彼。

由于大型营销活动的规模较大，涉及人员和物品较多，在活动筹备时一定要对相关环节指定相关责任人，并要求他们对自己负责的事项进行跟踪和完成，而且要及时向营销活动总负责人汇报进度，保证工作落到实处，避免发生出现问题后员工之间相互推诿和扯皮的现象。

### （二）天气确认

通过气象台、网络及相关途径，了解营销活动当天的天气情况，确定最佳户外活动时间。

### （三）时间确定

确定活动的具体时间，尽可能精确到每天的具体时段。如果有路演、花车巡游等户外活动，涉及广告公司、演出公司、租车公司等的合作业务，要尽量通过合同或协议形式，明确活动时间及具体安排，对因意外事件可能造成的活动延期做出说明，并确定延期的时间，以免节外生枝。总之，在营销活动档期问题上一定要明确，绝不能似是而非。

### （四）场地落实

提前 1 周甚至 1 个月与城管或物业公司确定活动场地，以最容易引起消费者关注、驻足的场合为宜。活动场地的确认一定要十分明确，特别是在卖场外区域做促销推广活动时，一定要附相关的场地批示图，明确规定活动场地的面积、方位、走向，甚至对场地的高度也要做出明确的标示，同时要以协议的方式明确场地租用的时间和价格。

### （五）氛围营造

卖场氛围的营造不能仅停留在到处张贴促销信息等表面工作，更多的是要设法打动消费者的内心，要从人的观感入手，激发消费者对品牌文化的认同，这样才能吸引和留住更多的消费者，进而产生购买行为。

### （六）物料准备

在营销活动相关配套物资准备上，一定要事前做好物料规划，列出明确的物资需求清单，上报并据此进行准备。要事无巨细，大到车辆小到螺丝钉，都要罗列出来，然后按单清点，确保万无一失。绝对不可笼统地只写几个大件，否则必然导致现场的混乱，影响营销活动的进度。

物料准备主要包括喷绘、海报、单页等宣传物料；扩音器、音响、横幅、帐篷、拱门、爆炸贴、外场灯光、促销台、赠品发放登记表等现场销售物料；电源接线板、电脑线；礼品与赠品。要根据物料的库存情况和促销需求，提前向有关部门提出采购、制作需求并跟进，以确保工作进度。

#### （七）应急预案的准备

大型营销活动效果显著，有很强的市场号召力，也承担着艰巨的销售任务，来不得半点的闪失。每次营销活动都有可能出现一些意外，比如政府部门的干预、畅销商品缺货、促销人员不足、消费者投诉，甚至天气突变导致户外的促销活动无法继续进行，等等。严重的诸如竞争对手捣乱、物业不支持、突发停电、恶人捣乱、客流量稀少等外部问题。此外，安全秩序问题也很重要，在营销活动期间卖场客流量明显增多，人员拥挤，一旦缺乏有效的疏导和管理，现场秩序混乱，就很容易造成消费者人身伤害。

卖场在实施营销活动前一定要有周详的考虑和应急预案，必须对各种可能出现的意外事件做好必要的人力、物力、财力方面的准备。如果出现了意外情况，应对方案要及时跟上，切莫临时抱佛脚，手忙脚乱。

#### （八）广告宣传与预热

一场成功的营销活动，三分靠现场，七分靠预热。要针对目标消费者集中的场所，通过广告宣传进行预热。预热时间通常在营销活动开始前的 1 ~ 2 周，预热太早容易被消费者忘记，预热太晚又产生不了效果。

## 第二节　营销活动的执行

### 一、营销活动的监控措施与原则

营销活动的执行需要依靠卖场内部各部门员工的紧密协作配合，否则营销方案与策略制定得再周密，只要执行过程中出现一点差错，就会影响到总体营销活动的效果。因此执行是营销活动的重中之重，对执行人员执行过程中的监督管理是营销策划方案落实的关键。

### （一）监控措施

卖场必须设立检查时间和措施，及时监控计划完成情况。如果计划进度滞后，就必须通过更正目标、战略或者各种行为来扭转这种局面，包括加强资源的控制、渠道的控制，以及内部员工的控制与激励等。卖场策划部门要设立监督检查制度，建立督察组织，保持并提高现场活动执行力，保证所策划的营销活动稳定、有序、有效地进行。在检查过程中发现的问题，尽量当场解决，如果实在解决不了，要在下一次营销活动时尽量避免。大型营销活动的执行容不得丝毫的马虎，否则不但会走样变形，而且可能产生恶劣的社会影响和负面效果。

典型的监控做法是把目标、任务和预算按月或季度进行分配，操作时对计划的执行过程、进度进行随机管理，及时了解各个时期的销售实绩，找出未完成任务的部门、环节，并限期做出解释和提出改进意见。如果计划进度滞后，卖场必须通过更正目标、战略或者各种行为来纠正这种局面。

### （二）监控原则

1. “一竿子到底”原则

“一竿子到底”原则就是要求营销活动负责人对其所负责的活动全程监控，并落实到最基层。比如在营销方案执行过程中的每一个环节、每一个成果，细化到哪怕是制作一张宣传单广告、一张会员卡，都需要相关负责人签字确认，并凭这些签字来兑现奖惩。如果营销活动在哪个环节出了纰漏，或是哪项工作没有做好，其责任一目了然。有了此类措施的压力，营销活动负责人就不得不对整个方案执行中的各个环节进行全程跟进，进而保障了营销方案执行的质量与进度。“一竿子到底”不单是对营销活动总负责人的要求，也是对各项工作负责人的要求，只有这样才能起到更好的保障作用。

2. 赢在细节原则

消费者在最终决定购买的那个环节，经济学上称为“惊险的一跃”，意思是说消费者警惕性非常高,往往会因为一些平时很不起眼的小问题而放弃购买。在这种情况下,把握好执行细节就显得尤为重要。在整个营销活动中,从小到海报设计与张贴,大到营销流程精细化及现场执行都要关注细节。营销活动负责人要对市场人员执行的各个环节加以跟踪掌控,比如进度控制信息表传递和抽查结合、电话跟踪、各种报表、实地考察、与供应商经常沟通等,以确保营销活动方案和销售计划得以更好的贯彻执行。

3. 高效精干原则

对营销活动要实行扁平化、专业化、垂直化管理,减少和缩短决策者与执行者之间的中间环节。比如直接实现营销活动总负责人对促销人员的管理监督等。

4. 注重纪律原则

纪律是战斗力的保证,是营销方案得以完美执行的先决条件。在方案中,应对参与活动人员各方面纪律做出详细的规定。督导巡查人员要定期更换,避免巡查人员徇私,对问题瞒而不报。通过详尽的巡查问题及解决方案,让一线执行人员时刻警醒。

5. 及时反馈、及时调整原则

准备再充分的营销活动都会有疏忽和不足的地方,再周全的营销策划方案也会有疏漏,所以再完善的营销策划方案,也会在执行中遇到各式各样的问题。卖场有必要在营销活动执行过程中建立信息反馈机制,让基层员工可以将执行中碰到的问题及时反映到决策层,以便及时调整,确保营销活动顺利进行。

## 二、营销活动的注意事项

在营销方案的实施过程中,应及时对营销活动的范围、强度、额度和重点进行调整,保持对营销方案的现场控制,有序安排各个环节,做到忙而不乱,有条有理,及时、充分地将销售信息传达给现场每个人,通过喊口号、碰头会等形式对员工进行激励。对竞争对手制造的干扰信息要及时排查、解决。销售赠品、奖品、奖金发放要及时入账。

随着我国法律的健全，对营销活动的法律约束也越来越严格，策划人员应熟悉相关政策、法律对企业营销活动的制约。对目前尚未制定约束条款的促销行为，也应从商业道德角度判断合理与否。

### （一）《中华人民共和国反不正当竞争法》的相关规定

（1）经营者不得采用财物或其他手段进行贿赂以销售或者购买商品（第八条）。

（2）经营者不得利用广告或其他方法对商品的质量、制作成分、性能、用途、生产者、有效期限、产地等做引人误解的虚假宣传（第九条）。

（3）经营者不得以排挤竞争对手为目的，以低于成本的价格销售商品。有下列情形之一的不属于不正当竞争行为：销售鲜活商品；处理有效期限即将到期的商品或其他积压的商品；季节性降价；因清偿债务、转产、歇业降价销售商品（第十一条）。

（4）经营销售商品不得违背购买者的意愿搭售商品或附加其他不合理的条件（第十二条）。

（5）经营者不得从事下列有奖销售：采用谎称有奖或故意让内定人员中奖的欺骗方式进行有奖销售；利用有奖销售的手段推销质次价高的商品；抽奖式的有奖销售，最高奖的金额超过五千元（第十三条）。

（6）经营者不得捏造、散布虚假事实，损害竞争对手的商业信誉、商品声誉（第十四条）。

### （二）现实中受到工商部门重点关注的不合理促销行为

（1）利用虚假宣传进行不正当竞争，大炒概念。

（2）有奖销售中存在的突出问题，出现无奖或超出5000元的大奖。

（3）在采取“买多少、赠奖券”的促销方式中，存在虚假表述、误导消费者的行为。

（4）虚假打折、低于成本价销售商品。

（5）采用商业诋毁的方式对竞争对手进行诋毁，破坏竞争秩序。

（6）采取极低价格或限时抢购的方式吸引消费者，但在相关宣传中没有进行明示,导致企业现场秩序混乱,造成消费者有人体伤害的虚假宣传误导行为。

(7)已结束或停止的活动未及时通知。例如,某超市经常举办购物满额抽奖(兑奖)活动,当消费者凭票抽奖时被告知此活动已经停止,但店面仍悬挂活动海报,未有活动停止的任何通知和告示。

(8)促销商品价格不实,标价与售价不符、半价商品未半价等。例如,某超市的促销活动标注购买某商品再购第二件可以享受半价优惠,但消费者实际结账发现第二件仍按原价收费,并未优惠。

(9)活动宣传与实际不符。例如,某商场宣传的活动为满 51 元得 130 元,但实际操作中为满 130 元减 79 元。又如,某些商场在促销活动的广告介绍中并未标注详细事项,消费者往往在购买商品后才得知有很多限制条件,有的消费者实际并未享受优惠,而是为了"优惠"花了更多的冤枉钱。

案例

## 名不副实的价格战

2012 年 8 月 15 日上午,京东网站挂出"京东家电 4 周年折扣专场"的广告,并打出了"物价回到 4 年前"这一颇具诱惑力的口号。上午 10 点,苏宁易购也开始上线"全品类 0 元购"活动。京东、苏宁、国美等购物网站间酝酿已久的价格战正式开始。

京东、苏宁、国美声势浩大的价格战准时开打,很多有购买大家电计划的消费者一早就守在电脑前准备"捡便宜"。不过,很多消费者发现这场价格盛宴并没有想象中的好,当天的商品价格最高降幅只有 10% 左右。在许多商家标榜"最低价"的商品数据中,竟然超过半数都处于无货状态。很多媒体都对这些行为予以报道,并被指为是企业的炒作。

资料来源:2012 年 8 月 16 日,京华时报,《电商价格战昨准时开打》

# 第三节　营销策划活动的评估

## 一、评估目的

营销策划活动评估是对整个营销活动方案质量的检测，一次营销活动的成功与否，要在营销活动结束后通过评估才能知道。

营销活动要及时总结，在执行过程中要半天一总结，及时鼓舞士气。营销活动结束后，要组织全体员工召开总结会议，表扬优秀员工，肯定成绩，找出不足。活动结束的第二天，卖场干部集中开会总结，就活动的营销策划、准备及执行进行充分总结，将经验写出来供以后的营销活动借鉴、学习，列出不足之处避免再次发生。

营销策划的目的是提高商品的知名度、美誉度，从而立刻或者在后期能提升商品的销量。好的营销策划应该能充分展现出商品与服务的独特之处，而不仅仅是送赠品、抽奖等让消费者获得便宜。好的营销策划要充分发挥卖场自身的各种资源优势，把活动搞得尽善尽美，同时防止竞争对手的跟进。

**案例**

### 2010年7月某购物广场化妆品类销售结构分析

| 品牌档次 | 品牌名称 | 销售金额(元) | 面积(平方米) | 面积占比(%) | 销售占比(%) |
|---|---|---|---|---|---|
| 一线品牌 | 欧珀莱<br>玉兰油<br>美宝莲<br>欧莱雅 | 59479<br>151346<br>56364<br>48888 | 18<br>18<br>18<br>18 | 34. 28 | 56. 60 |

续表

| 品牌档次 | 品牌名称 | 销售金额(元) | 面积(平方米) | 面积占比(%) | 销售占比(%) |
|---|---|---|---|---|---|
| 二线品牌 | 雅　芳 | 48398 | 13 | 50.9 | 38.07 |
| | 羽　西 | 34646 | 13 | | |
| | 红地球 | 24979 | 15 | | |
| | 柏　纷 | 18517 | 7 | | |
| 三线品牌 | 美　情 | 9712 | 8 | 14.82 | 5.33 |
| | 一　朵 | 8539 | 7 | | |
| | 高　丝 | 7387 | 9 | | |
| | 植美村 | 3602 | 7 | | |

## 二、评估内容

营销活动的评估内容可以分为活动效果分析和销售分析。

### (一)活动效果分析的内容

1. 活动主题配合度

活动主题是否针对总体营销活动的内容,活动内容、方式、口号是否富有新意和吸引人,是否抓住了消费者的需求和市场的卖点。

2. 创意与目标销售额之间的差距

活动创意是否偏离预期的目标销售额,是否符合营销活动的主题和总体内容,是否过于沉闷、正统、陈旧,缺乏创造力、想象力和吸引力。

3. 活动商品选择的正确与否

活动商品能否反映卖场的经营特色,是否选择了消费者真正需要的商品,能否给消费者带来实际利益,能否帮助卖场或供应商处理积压商品,销售额与毛利额是否与预期目标一致。

4. 总结活动的成功与不足之处

通过这次营销活动的执行,不管是大获成功还是留有一丝缺憾,参与者都一定有很深的体会,让参与者把在活动中体会到的成功与不足之处以及产生的原因都写出来,越完整、越有条理越好。

5. 下次营销计划介绍

一个营销活动的结束就是下一个营销活动的开始，利用刚结束的营销活动“趁热打铁”，赶快确定下一次营销计划，分析下一次营销活动如何做？何时做？要延续什么好的方法？要摈弃什么无效和不好的方式？

## （二）销售分析的内容

卖场开展营销活动的最终目的就是提高销量、追求利润最大化，因此销售分析必不可少。

1. 营销活动前销量与营销活动期间销量的数据对比

营销策划的最终目的是让每个消费者尽可能地多买走商品，提高购买率和客单价。消费者的购买需求是一定的，从购买欲望变成实际的购买行为有很多可变因素。例如，商品价格、员工态度和销售技巧、营销活动的力度、实际商品和顾客想象间的认识差距等。实际上消费者购买商品量越多就越有可能成为“回头客”。

分析销量对比的主要数据有同比增长（减少）和环比增长（减少）。

（1）同比增长（减少）：营销活动期间销量与上一年同期的数据对比增加值或减少值。在实际工作中经常使用这个指标，如某年、某季、某月与上年同期对比计算的发展速度，即同比发展速度。

（2）环比增长（减少）：营销活动期间销量与营销活动前某一时间段的数据对比增加值或减少值。环比分为日环比、周环比、月环比和年环比。

2. 营销活动前利润与营销活动期间利润的数据对比

3. 消费者直接/间接参与人数

活动人气是否有了大幅度提升？客流量提升情况如何？现场活动是如何执行的？人气是否在一定时间内不减，形成旺盛的人气空间？通过照片和文字把活动完整地记录下来，留待以后做参考。

4. 活动总费用、费用占销售额比例

5. 竞争对手反应

卖场大张旗鼓地促销，周边的竞争对手店是否有针对性的市场反应？一些主要的竞品是否也进行了相应的调价或买赠等促销？都采取了哪些措施？

任何营销策划方案执行之后必须要编写评估报告。评估报告的要点是：总体概括营销方案的执行情况及影响力；检查目标的达成情况，为什么达到以及分析达不到的原因。包括总结营销活动的经验教训，投入和产出状况，消费者接触数量、影响人数，统计销售量、销售额、消费者购买数量，人群、陈列、展示的位置，人员投入、现场气氛等，与营销策划目标进行对比。

## 案例

### 某卖场促销活动效果评估

活动时间：2011 年 8 月 6—15 日（10 天）

活动内容：专柜组织货源进行折扣促销，卖场在 8 月 5 日《湘潭晚报》上刊登促销讯息。

同期销售对比分析：

| 部门 | 活动期间销售额（元） | 7 月 27 日—8 月 5 日期间销售额（元） | 增长率（%） |
|---|---|---|---|
| 一部 | 1261960.00 | 1055816.00 | 19.52 |
| 二部 | 1077493.00 | 868574.80 | 24.05 |
| 三部 | 947019.20 | 810703.20 | 16.81 |
| 四部 | 1381377.00 | 1689167.00 | -18.22 |
| 百货合计 | 4667849.43 | 4424260.58 | 5.51 |
| 超市部 | 2254354.11 | 2143737.72 | 5.16 |

从表中可以看出，整体销售额较前期上升 5.39%，且活动期间有两个周六、周日（而前期只有一个周六、周日）。由此可以看出，整体销售额上涨的比率并不大，但是，一部至三部都有一定的增长，仅四部为负增长。

费用承担情况：此次活动产生费用 18000 元，费用率为 0.26%。

整体促销活动分析：此次活动由于准备时间仓促，加之各楼层调整工作量大，造成楼层在促销商品的陈列、POP 的规范、商品库存的准备等方面存在不足，此次促销效果不明显，但是部分货源充足的专柜销售额有明显的增长。

## 复习题

### 一、简述题

1. 简述对内部员工进行培训的必要性。

2. 现场准备具体包括哪些内容?

3. 简述营销活动监控应遵循的原则。

4. 简述营销活动效果分析的主要内容。

### 二、案例分析题

**3S 特优快热销第三期促销活动评估报告**

评估目的:通过对整个活动的前期准备、中期执行、后期交接的评估,找出活动开展过程中的不足,为今后类似活动的更好开展积累经验。

评估人:市场部　于晨

**(一)活动概述**

3S 特优快热销终端促销活动,旨在扩大 3S 旗下商品的销售业绩、市场占有率,以及培养消费者忠诚度。借助活动起到锻炼队伍、提炼标准的作用。

**(二)活动准备工作评估**

1. 准备工作

(1)活动参与人员:

活动准备工作责任人:市场部于晨

活动执行人:终端部、公司一线业务人员、长期促销人员、临时促销人员

活动监控部门:市场部、总经理办公室

(2)活动准备事项

活动方案的制定;

档期活动的 DM 宣传彩页、POP 等宣传类物资物料的设计与制作;

LED 的内容准备、音响内容的准备;

货物库存、物料统计;

人力分配与职责定位;

活动前的人员培训;

人力的配送计划；

货物与物料的配送计划。

2. 准备工作评估

（1）方案的制定　责任单位：市场部

活动方案的制定犹如计划指导文件，贯彻整个活动的始终。所以，活动方案的确定必须在活动开始前至少一个星期敲定。这样活动才能围绕方案进行准备、组织和有计划地开展。

（2）物料的设计与制作　责任单位：市场部

方案一旦确定，市场部应立即安排设计人员围绕方案内容设计相关宣传类物料，经过确认后，转交采购部进行采购制作。从设计到制作的时间控制在4天以内。

（3）LED、音响技术和内容的准备　责任单位：市场部

活动的前三天由市场部派专员检查各小组卖场LED、音响设备的使用情况。如发现未能正常使用的，应及时修复。在活动开始的前一天务必全面做好硬件、软件的准备工作，由专员协助各小组组长更换LED、音响内容。

（4）货物和物料的盘点统计与管理　责任单位：采购部

货物和物料的配送与跟进如同战争中的后勤保障，非常重要。部门负责人应该肩负起活动前的货物盘点和物料统计工作，结合活动方案制定物料分配清单。此项工作目前比较混乱，需要进一步梳理。

（5）人力分配与职责定位　责任单位：终端部

活动方案一旦敲定，终端部部长要根据方案内容做好活动人员组织动员工作。其中包括人员调动分配、职责定位，以及活动方案的具体执行办法。动员人员做好各方面的准备工作，其他部门应积极主动配合终端部。终端部的市场执行反馈信息汇总提报市场部。

（6）活动前的人员培训　责任单位：终端部、市场部、总经理办公室

根据活动的内容信息变更以及人员的变更，责任单位在活动之前要有针对性地对执行小组做好活动内容信息培训和执行办法培训。

（7）人力的配送计划　责任单位：人力资源部

人力资源部负责人依据方案确定执行人员，配合终端部统筹分配人员

配送工作，确保在活动执行的每一天，人员都能够顺利到达相应的工作岗位。

**（三）活动执行过程评估**

1. 活动执行

（1）人员安排配送。

（2）商品配送：商品配送原计划是活动前一天送达活动场地。实际执行中，则根据销售情况安排商品配送。

（3）销售流程：活动的销售工作依据流程执行。活动负责人按要求填写销售表格、考核表格。

（4）活动交接：为了更好地完成工作，执行负责人要依据活动的开展情况，在每天活动结束后和促销人员对商品及赠品数量进行核对。整个活动结束时间为18:00，卖场可以根据实际情况进行时间调整。

（5）活动核准：活动结束的前一天，执行负责人负责对整个活动的执行情况进行核准，包括商品和赠品数量上的核对、表格的审核、促销物料的回收。

2. 活动执行评估

在整个活动的执行过程中，在很多细节上出现了问题，对活动的顺利开展和活动的效果都产生了不小的影响。①促销生动化陈列没有严格按照标准执行。②执行小组工作人员以及招聘的临时促销人员的素质、仪容参差不齐，没有经过严格的培训，导致部分人员在工作期间工作散漫、形态随意，严重地影响了公司的品牌形象，在消费者心中产生了无法磨灭的不良影响。③缺乏与卖场经销商的有效沟通，影响了活动执行和后期核准的效率。

**（四）活动费用评估（略）**

**（五）活动效果评估**

1. 取得的成绩

（1）影响人数：活动 DM 宣传单一共 2 万份。也就是说正常发放，应该共有 2 万人次通过 DM 宣传单知道了 3S 特优快促销活动进而了解商品。

（2）影响面：10 家终端店周边人群。通过二次传单不接，可以看出营销的效应已经体现出来，我们的目的是逐步让影响面更广。

（3）品牌提升：通过此次活动的开展，进一步提升了 3S 旗下商品的影响力。

(4)促进销售:通过持续不断的促销活动,一步一步拉动消费,增强经销商对卖场营销活动及品牌推广的信心。

2. 活动不足

(1)宣传不足。本次活动的前期信息没有进行媒体、电视广告宣传。从传播原理的角度上说,无法给消费者留下深刻印象。

(2)执行力不强。在整个活动的执行过程中出现了很多偏差,包括配送延误,活动场地的安排没有做到定点、明确。聘用的人员素质参差不齐、执行的效率低等,使活动的效果大打折扣。

(3)重点不突出。本次活动的重点是推广 3S 品牌形象,营造生动热闹场面进而带动销售,但在实际执行中无论是商品配送,还是物料宣传都没有突出这一重点,导致活动销售不佳。

3. 问题的原因

(1)执行人员缺乏开展类似活动的经验,导致很多细节都没有考虑到。

(2)经销商配合度不够,导致活动开展的效率较低,很多事情就是由于经销商这个环节而影响到整个活动的顺利开展。

(3)沟通不顺畅。

**(六)改进建议**

(1)活动的方案必须要求周全详尽,重点突出。建议必须在活动正式开展前一个星期完成方案草案,以便于领导有充足的时间调整修改。同时完善活动的物资物料,如统一 DM 单页、POP 海报等。

(2)类似活动要做到宣传充分。建议根据活动需要,加大活动前期的媒体预热宣传。

(3)需要尽快成立物料采购与管理部门。

(4)加强执行力。为了使活动执行达到很好的效果,必须确定责任人到位。要认真贯彻活动方案中的奖惩制度。

**思考题:**参考评估报告,思索自己亲身经历过的营销活动应从哪些方面加以改进?

# 本章小结

营销活动的内部准备包括部门间的协调配合、员工培训、商品备货。营销活动的主体是人，卖场在组织活动前必须对内部员工进行培训。

营销活动的外部准备包括供应商、分销商、外联报批、消费者。

营销活动的现场准备必须及时、到位，充分营造现场气氛，以确保达到预期目的。

营销活动的执行是营销活动的重中之重。对执行人员过程中的监督管理是营销策划方案落实的关键。在营销方案的实施过程中，应及时对营销活动的范围、强度、额度和重点进行调整，保持对营销方案的现场控制，并严格遵守相关的政策与法律。

营销活动评估是对整个营销活动方案质量的检测，营销活动的评估内容包括活动效果分析和销售分析。